JN064472

仕事で悩まない

減価償却

元国際教養大学
客員教授
公認会計士
土田義憲

ロギカ書房

まえがき

　会計に減価償却という手法が導入されたのは、蒸気機関車が発明され、鉄道網が整備されたイギリスの産業革命期であるとされています。

　それまでの会計の手法では、支出したお金を経費、受け取ったお金は収入とし、その差額が儲け（利益）とされていました。

　しかし、鉄道事業では、顧客から運賃という収入を得る前に線路用の土地買収、レールの敷設、駅舎の建設、蒸気機関車や客車の建造などに膨大な支出を要します。従来の会計手法に従えば、鉄道が開業する前の数年間は支出による経費の発生が先行し、巨額の赤字が発生し続けます。これでは、投資家に配当を支払うのは夢のまた夢であり、彼・彼女らから鉄道建設に必要な資金を集めるのは容易なことではありません。

　そこで鉄道事業を夢見た人たちは、鉄道施設建設のための支出を支出した年の経費ではなく、建設した鉄道施設を利用する期間に配分し、配分された金額をその期間の経費とする方法を考えついたのです。これが減価償却の始まりです。

　これにより、それまでの支出＝経費という考えを改めて、支出額は投資、経費は各期間に配分された金額（すなわち、減価償却費）とする考え方が誕生したのです。

　そしてここに、新たな疑問を持つ人が多数誕生します。「お金を支払ったのならば、儲けを計算する際に収入から控除する」のは当然だが、「お金を全然支払っていないのに減価償却費を控除するのはなぜだろう」という疑問です。

　「儲けを計算する際に、お金を支払っていない減価償却費を収入から

控除するのはなぜだろう？」という疑問を持つ人は、現在でもかなりの数で存在します。これから先の、すなわち将来の儲けの有無と大きさを判断する際に、減価償却費の存在に惑わされる人も少なからず存在します。本書は、そのような方々の疑問に答えるために書き下ろしたものです。

　減価償却の意味、減価償却の方法、記録方法に関しては、すでに多くの出版物があります。しかし、「会社の損益計算書に表示される減価償却費は現金の支出がないのに収益から控除されるという特異性とその影響」、「製品や新規受注品の価格計算における減価償却費の取扱い」、「追加投資を検討する際の減価償却費の位置づけ」等を取りあげた出版物はあまり多くないように思われます。

　そこで本書では、仕事をする人が減価償却費に惑わされることなく、正しい判断をするのに役立つように、以下の事項を中心に取り上げています。
●利益計算における減価償却費の意味
●利益と現金増加額の関係
●製品価格・新規受注・追加投資の決定をする際の減価償却費の取扱い
●その際に考慮すべき減価償却費の真の姿
　他方、減価償却の意味、償却方法、記録の方法という基礎的な解説は最小限にとどめています。

　本書が、皆様方の減価償却費の本質の理解と仕事での判断にお役に立てれば幸いです。

元国際教養大学客員教授

公認会計士　土田義憲

第1部
減価償却の基礎

第1章
減価償却の意義　　14

第2章
減価償却の三要素　　28

第3章
減価償却の方法と記録　　44

第8章
減価償却費を除外しての意思決定　　　108

第 10 章
減価償却費を含めない
収益性判定に
お金の時間価値を考慮する事例　　144

追補の部
現代会計の構造と減価償却費

補章 1
現金支出がない減価償却費を
控除する利益計算の仕組み　　164

第1部

減価償却
の基礎

第 1 章
減価償却
の意義

1. 減価償却の始まり

（1）蒸気機関の発明

　今さら言うまでもありませんが、蒸気機関は、水を熱して蒸気にすれば体積が膨張し、冷却すれば縮む力を組み合わせて、動力を取り出すものです。この蒸気機関は、当時需要が伸びていた石炭を掘り出す際に炭鉱の中で発生する水を汲み出す機械の動力源として利用されていました。

　イギリスのジェームズ・ワットは、それまでの蒸気機関を改良し、熱効率と運動効率に優れた蒸気機関は発明しました。これにより、石炭の採掘が進み、石炭は、イギリス各地の工場で燃料として使われるように

なりました。この蒸気機関は、従来、人間が自らの労力で行っていた作業をつぎつぎと置き換えていき、炭鉱の排水のみならず、様々な産業機械の動力源として利用されるようになりました。

やがて、車輪に蒸気機関を載せて、自走する蒸気機関車が発明されました。1830年には、ジョージ・スティーブンソンによって改良された蒸気機関車を使ったリバプール・マンチェスター鉄道が開通しました。

蒸気機関車は、それまで移動の手段であった馬車に替わり、あっという間に運搬の主役に躍り出ました。それもそのはず、蒸気機関車は時速60〜70kmで移動することができ、後ろに客車や貨車を接続し、一度に大量の人や物を運搬することができたのです。それまでの馬車での輸送と比べると、比較にならないほどの高速・大量輸送が可能になったのです。

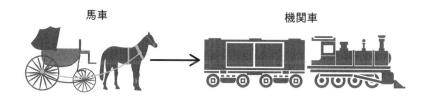

馬車　　　　　　　　　機関車

（2）鉄道事業の誕生

現在でもそうですが、当時においても、新しい技術はお金に糸目をつけない軍事分野に採用されました。蒸気機関車も、戦地に物資や兵員を効率よく搬入するための手段としての起用が考えられたのです。

やがて、蒸気機関車は、お金をもらって、人や物を遠隔地に輸送する手段としての利用が考えられるようになります。

しかし鉄道事業では、顧客から運賃という収入を得る前に線路用土地の買収、線路の敷設、駅舎の建設、蒸気機関車や貨車・客車の建造などに膨大な支出を要します（**図表 1-1** 参照）。

図表 1-1：鉄道事業の投資額

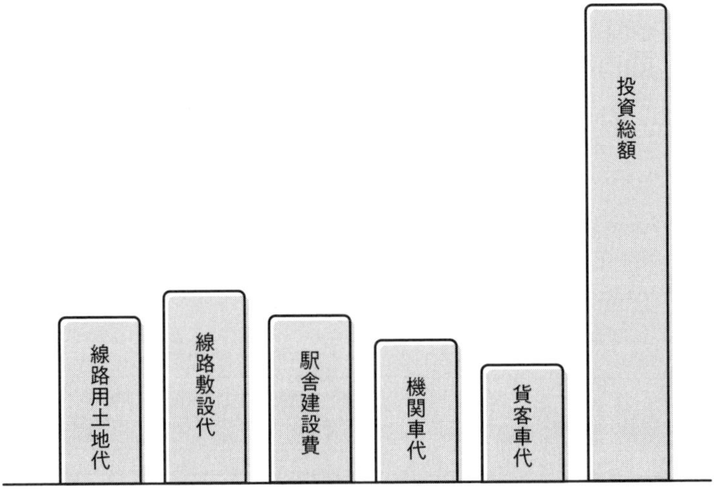

線路用土地代　線路敷設代　駅舎建設費　機関車代　貨客車代　投資総額

（3）鉄道事業家の悩み

　当然ですが、1 人の事業家がこの巨額な資金をすべて賄うことは叶いません。多くの投資家の出資を必要とします。

　鉄道事業を志した人たちは、投資家に出資を持ちかけます。当然ですが、出資に応じる投資家は配当という見返りを期待します。その配当をするためには、利益が必要です。

　しかし、当時の会計の手法では、**支出は経費、収入と支出の差額は利益**というものでした。しかしながら、鉄道の建設が完了し、操業を開始

する前の数年間は、支出のみで、収入はありません。つまり、毎期、赤字の連続です。

　他方、鉄道が完成して操業を開始した後は、もう投資は必要なくなります。そして、そこにあるのは（便宜的に列車の運行に必要な経費を無視すれば）収入だけです。操業後の収入は、年を経るごとにどんどん増えていきます。そして収入は、丸々利益になります。**図表1-2**はこの状況を示しています。

図表1-2：操業前の支出（損失）と操業後の収入（利益）

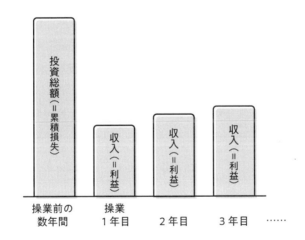

「利益が出れば、配当も可能になる。だから、それまで我慢してくれ。そして今、投資をしてくれ」といっても、応じてくれる人はなかなか現れません。これでは、鉄道建設に必要な資金を投資家から集めることは、夢のまた夢です。

（4）減価償却による解消

　そこで鉄道事業家は、鉄道施設建設のために支出した金額を支出した年の経費とする従来の考え方を刷新したのです。その新しい考え方とは、支出した金額を鉄道施設を利用できる期間に配分して、各期間に配分された金額のみを経費とする方法です。そして、この各期間に配分された金額は「減価償却費」と呼ばれました。

　これが減価償却の始まりで、支出（投資）と経費（すなわち、減価償却費）を区別する考え方が発案されたのです。

　これにより、支出した時点での経費の額を抑えることで、利益の確保と配当を可能にしたのです。これを示したのが**図表 1-3** です。

図表 1-3：操業後の各期間への配分

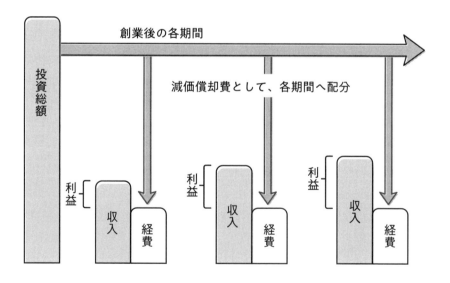

（5）産業革命への貢献

　この減価償却の考え方を取り入れれば、最新の産業機械を導入して巨額の支出があった場合でも、支出をした年に赤字にならずに済みます。鉄道事業のみならず、他の産業でも、同じです。事業家達は、投資家に安心を与えて出資を求めることができるようになります。この資金を使って、さらに新しい投資が進みます。

　このようにして、減価償却の発案が産業革命をより一層推し進めたであろうことは、想像に難くはありません。

2. 減価償却をするもの

（1）減価償却をする理由

　減価償却は、建物や機械装置等の設備の購入代金を、購入したときの経費とするのではなく、建物や機械装置等を使用する期間に配分し、配分した金額をその期間の経費とする方法です。

　建物や機械装置等のように、長期間に渡って使用できる物品（以下では「物的資産」と呼びます）を購入する際に支出した金額を、使用期間に配分して経費とするために減価償却をするのは、購入した物がいずれ物理的に、あるいは機能的・経済的に劣化して使用不可能になり、除却されるからです。除却されるときには、当該物的資産は、ほとんど、金銭的価値を持ちません。

この購入したときに支出した金額と除却したときの金銭的価値（ほとんど無価値ではあるが）の差額が、各使用期間に配分する金額のベース、すなわち減価償却の対象になります。

　除却時にはほとんど金銭的価値を持たなくなっている物的資産でも、除却時に一気に価値を失うのではなく、使用や時間の経過によって、徐々に価値を失っていくと考えられます。これを示したのが**図表1-4**です。

図表1-4：物品の金銭的価値の低下

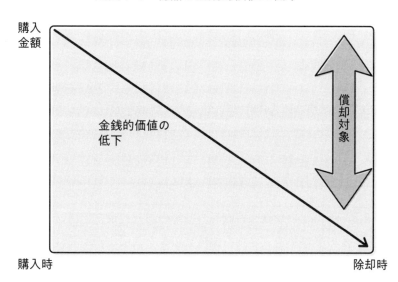

　図表1-4では、金銭的価値の低下は直線的に示されていますが、これは表示を簡単にするためのものです。物的資産によっては、使用開始直後に大きく低下したり、あるいは除却間近に大きく低下するものなど、様々です。前者の代表が自動車でしょう。自動車は、車検登録をし、使用を開始すると同時に、金銭的価値が3割低下すると言われています。

いずれにしても、購入時の金銭的価値が、除却時までに大きく低下することは間違いありません。その事実こそが、減価償却をする根拠になっているのです。

（2）減価償却費の区分表示

減価償却費は、建物や機械設備などの様々な物的資産に関わっているので、それぞれ該当する物の名前をつけて、建物減価償却費、機械装置減価償却費、などと呼ばれています。

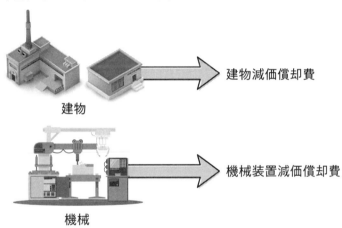

建物 → 建物減価償却費

機械 → 機械装置減価償却費

3. 減価償却をしないもの

　繰り返しになりますが、減価償却は、建物や機械装置等を取得するために支出した金額を使用する期間に配分して、配分した金額のみをその期間の経費とするものです。

　念のために言えば、物的資産の中には減価償却をしないものがあります。支出したときに経費とするものや、「減価しない」と考えられるものなのです。以下では、これを取り上げます。

（1）支出したときに経費とするもの

① 支出の効果

　私達がお金を支出するのは、物品やサービスを受け取ったときです。逆に言えば、物品やサービスを受け取る代わりに、お金を支払います。

　受け取った物品やサービスが、将来の収入獲得に貢献することが明らかな場合は、支出したときの経費としないで、支出した金額を収入獲得に貢献する期間（使用期間）に配分した金額（すなわち、減価償却費）を当該期間の経費とします。

　他方、将来の収入獲得に貢献することがないと判断されるとき、あるいは貢献するか否かが不明な時は、すぐに、支出したときの経費とします。

② 会計上の基準

　ここで重要になるのが、お金を支出して受け取った物品やサービ

スが将来の収入獲得に貢献するのか、否かの判断です。これには一律の基準はなく、支出した各人の判断になります。しかし会計では、以下の基準を設けています。

●支出の対象が「物品」であり、1年以上の期間に渡って使用できるものである場合は、将来の収入獲得に貢献すると考えられる
●支出の対象が「サービス」である場合は、将来の収入獲得に貢献するか否かは、不明である

　すなわち、上記条件に合致する「物品」を取得するために支出した金額は減価償却をして、当該物品の使用期間に配分するが、「サービス」の提供を受けるために支出した金額は、支出したときに即時に経費とする、ことになります。
　これを示したのが、**図表1-5** です。

図表1-5：減価償却か、即時経費か？

（効果が長く続くもの）

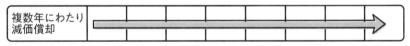

（効果が続かないもの、続くかどうか、不明なもの）

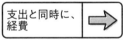

③具体例

　支出の対象が物品であっても、すぐに費消されるものや、繰り返

し使用できるものでも**使用期間が1年未満と考えられるものは、支出した時に、即時に経費にします。**

　サービスの提供を受けるために支出した金額は、如何なるものでも、支出時の経費とします。その理由は、例えば、顧客を飲食に招待したとします。この招待の正体は、過去の取引に対するお礼の意味もあるでしょうが、将来の取引（売上）拡大に対する期待も含まれています。しかし、飲食に接待したからといって、それが将来の売上（収入）獲得に確実に結びつくとは言い切れません。むしろ空振りに終わることが多いのではないでしょうか。このような支出は、支出時の経費とするのが賢明なのです。

（2）金額が僅少なもの

　減価償却は、1年以上の期間に渡って使用できる物品の取得に際して支出した金額を、その使用期間に配分する手続きですから、その物品を使用している限りは、配分の手続を続けなければなりません。1か月毎に決算をしている会社であれば、1か月に一度、1年間に12回、10年間使用するとすれば120回の手続きが必要になります。これに対し、購入時に経費にする方法では、1回の手続きで済みます。

　コンピュータが発達した現代では、一度プログラミングすれば、後は自動的に減価償却費を計算してくれますが、それでも対象物品を除却した場合は、当該物品をプログラムから削除する作業が必要になります。このように、減価償却の対象にすることは、とても手間のかかる作業なのです。

　そこで、**1年以上の期間に渡って使用できる物品であっても、金額が小さなもの、あるいは毎期継続的に恒常的に購入を繰り返し続けるもの**

は、即時に経費にする方法が認められています。その理由は、このような物品であれば、支出した金額を減価償却の方法で使用期間に配分した場合でも、即時に経費とした場合でも、結果はあまり変わらないと推測されるからです。

したがって、即時に経費とする方法が認められる物品の金額の範囲は、「支出した金額を使用期間に配分した場合でも、即時に経費とした場合でも、経費として記録する金額はそれほど変わらない金額」ということになります。

その場合、会社の事業規模が大きく、経費の総額が巨大になる会社の場合は、大きな金額の支出を即時に経費にすることが容認され、事業規模が小さく、経費の総額が小さな会社の場合は、容認される金額も小さくなります。

なお、即時に経費にする金額の上限に関しては、法人税法の縛りがあります。詳細は、「第2章　2.耐用年数　（4）法人税法の影響」を参照してください。

（3）〝減価しない〟と考えられるもの

既に取り上げたように、物品の購入の際に支出した金額を即時に経費としたり、使用期間に配分したりするのは、購入したものがいずれは物理的に、あるいは機能的・経済的に劣化して使用不能になり、除却されるからです。

逆に言えば、購入したものが物理的・機能的・経済的に劣化しなければ除却されることもなく、いつまでも使用し続けることができます。このような物品は、金銭的価値の低下はないので、購入にあたって支出した金額を即時に経費にしたり、減価償却をして使用期間に配分したりす

る必要はありません。

　果たして、このような物品は存在するのでしょうか？存在します。土地です。土地は、長期間使用しても消耗することもなく、いつまでも使用し続けることができます。例外をあげれば、地震で地盤が沈下して海中に沈むとか、火山の噴火で流出した溶岩に覆われて使用できなくなることでしょうか？

　1つの事業が継続する期間は大体30年と言われますが、その期間内に地震や噴火が起こる可能性を前提に事業を計画することはないと思います。もし、地震や噴火の可能性が問いただされているのであれば、そのような地域を避けて、事業用の土地を確保するのが一般的です。

　したがって、「購入した土地は永久的に使用し続けることができる」という前提でも、おかしくはありません。

　したがって、土地の取得に支出した金額は、減価償却の対象とはしないのが一般的です。これを示したのが、**図表 1-6** です。

図表 1-6：土地の金銭的価値

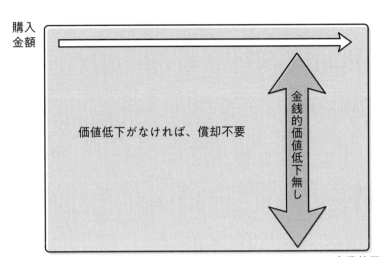

第2章
減価償却の
三要素

　長期間使用できる物品（物的資産）の取得のために支出した金額について減価償却を実施するには、支出した金額（取得価額）を確定し、使用する予定の期間（耐用年数）を予測する必要があります。使用を中止した時点で、中古品として売却できる市場が存在する、あるいはスクラップとしての価値が大きく売却処分ができる場合は、その金額（残存価額）は減価償却の対象外になるので、それを見積もる必要があります。

　取得原価、耐用年数、残存価額の3つは、減価償却の三要素と呼ばれています。

1.取得原価

　取得原価とは、物的資産を取得し、それを本来の用途に使用できるようにするまでに支出した金額のことです。本来の用途に使用できるようにするまでには、物的資産の購入代金の他に、据付費用、その他の付属費用が発生します。

（1）購入代金

　物的資産の購入代金は、それを自分の手に入れるまでの費用です。家庭用電気製品などは、商品代金を支払って手に入れればすぐに使用できますが、会社の事業用の機械装置や設備は、商品代の他に、商品を自社の工場等に搬入するまでの輸送費、海外から輸入する場合は船代や海上保険料、荷役料、関税、購入手数料などの経費がかかります。これらの経費は、すべて購入代金に含まれます。

```
                    購入代金の構成
  ●商品代金   ●輸送費   ●海上保険料   ●荷役費   ●関税
  ●購入手数料  ●その他
```

　ちなみに、我々にも経験がある自動車の購入では、車両代の他に、自動車税や消費税等の税金、自賠責保険料、検査登録料などの諸費用、ディーラーに対する代行手数料などが発生します。これらの車両代金以外の費用の合計金額は、車両代の１〜２割にもなります。

（2）付属費用

　工場に備え付ける機械装置等の場合は、工場に搬入した後も、機械装置等を生産ラインに据え付ける費用や試運転費用などが発生します。試運転で不備が発見された場合は、生産ラインでの調整が必要になります。

　これらも、購入した物的資産を本来の用途に使用できるようにするまでに支出する金額です。

（3）借入金の支払利息

　本書の最初で取り上げた鉄道事業では、初期の鉄道建設に必要な資金を投資家からの出資で賄うこととしましたが、銀行等からの借入金で賄うこともあります。

　投資家からの出資で賄った場合は投資家に配当を支払うのと同様、銀行等から資金を借り入れた場合は、所定の利率に基づいて利息を支払います。この支払った利息は、物的資産を取得し、本来の用途に使用できるようにするために必要な支出なのか、否かが、長い間にわたって議論の対象になってきました。

　現在では、ある一定の条件に合致する支払利息は、物的資産を取得し、本来の用途に使用できるようにするために必要な支出とするのが一般的です。しかし、それでも、各国で使用される会計基準によって、差異が見られるのも事実です。

① 日本の基準

　　日本の会計基準においては、長期間に渡って使用する物的資産（会計上、これを「固定資産」という）を取得し、本来の用途に使用で

きるようにするために必要な支出に充てる資金に係る借入コスト、すなわち支払利息は、原則として、**利息支払い時の経費**として処理することになっています。

ただし、固定資産を自社で建設した場合には、**建設に要する借入金の支払利息で稼働前の期間に属するもの**は、これを取得に必要な支出として、**取得原価に含める**ことが例外的に認められています。

また、不動産開発事業の支出に充てる資金に係る支払利息についても、一定の要件のもとで、支払利息を取得原価に含めることが容認されています。

② 国際財務報告基準

欧米主要国の上場会社に適用が義務付けられている会計基準である国際財務報告基準（International Financial Reporting Standardsの頭文字を取って、IFRSと呼ばれている）は、一定の資産（これを〝**適格資産**〟と呼んでいる）の取得、建設または生産に関連する借入コスト（支払利息）を当該資産の**取得原価の一部として含めることを要求**しています。

2. 耐用年数

（1） 耐用年数とは？

　耐用年数とは、購入した物的資産を本来の用途に供してから使用を中止するまでの期間のことで、使用可能期間、使用見込年数などと呼ばれています。

　この耐用年数は、使用を開始してから中止するまでの期間ですから、減価償却開始時点で見れば、将来において使用可能な期間を意味しています。結論から言うと、購入した物的資産を将来何年間使用できるかなどは、未来からやってきた人でもない限り、誰にもわかりません。

　しかし、それでも、物的資産の取得金額を将来の期間に渡って配分するためには、耐用年数、すなわち使用可能な期間を予測して定めなければなりません。

（2） 一律な年数はない

　長期間使用する物品の使用可能な期間は、当該物品が据え付けられた自然環境や、使用方法、使用の頻度などによって、大きな影響を受けます。すなわち、物的資産の使用可能な期間は、同じ種類であっても会社によって異なるのが当然なのです。そこで、多くの場合は、過去の自社の経験や同業他社の事例などを参考にして決めることになります。

　減価償却費は、物的資産の取得原価を使用可能な期間に配分したものなので、使用可能年数が短い場合は、長い場合に比べて、各期間に配分される金額は多くなります。これを示したのが**図表 2-1** です。

図表 2-1：使用可能期間と年間の減価償却費

① 取得金額は 100 万円で、使用可能期間 2 年の場合

年間償却費 50 万円	50 万円

② 取得金額は同じ 100 万円で、使用可能期間 5 年の場合

年間償却費 20 万円	20 万円	20 万円	20 万円	20 万円

（3）利益への影響

　減価償却費は、経費の 1 つとして収入から控除します。したがって、収入が同じでも減価償却の金額が大きいと、利益の額は小さくなります。

　会社の利益に対する税金である法人税等は、利益の額に一定率（約30％）を乗じて計算します。すなわち、減価償却費が増えて利益の額が少なくなると、課される（納付する）税金も約30％少なくなります。言い換えれば、減価償却費が増加した分が、丸々利益の落込み額になるのではなく、その 7 割に留まるということです。

　これを示したのが**図表 2-2** です。

図表 2-2：減価償却費の金額と税引後利益

	減価償却費 100 の場合	減価償却費 200 の場合
減価償却費控除前利益	300	300
減価償却費（控除）	(100)	(200)
控除後利益	200	100
法人税等（30%）	(60)	(30)
税引後利益	140	70

減価償却費の増加額 100 に対し、
税引後利益の減少は 70 に留まる

（4）法人税法の影響

① 耐用年数

　図表 2-1 および 2-2 で見たように、使用可能な期間の長短によって各期間の減価償却費の額は異なり、それによって法人税等の金額も異なってきます。

　既に述べたように、物的資産の使用可能年数は、会社によって異なるのが当然なのですが、納税義務の公平性が求められる税務においては、どの納税者も、同じ税負担にする必要があります。そこで税法では、固定資産の種類ごとに、細かく、固定資産の耐用年数を定めています。

　会社独自の耐用年数と法人税法の耐用年数に差があると、減価償却費の額にも、当然差が出ます。そこで、会社の計算による減価償却費と税法に基づいた減価償却費の調整が行われます。

付属解説1
アングロサクソン系とゲルマン系の税務会計

　世界には、会社の利益を計算する会計制度と税金を計算する会計制度を完全に分離している国もあれば、会社の利益を計算する会計制度で得られた結果に所定の調整を加えて税金を計算する方式を採用する国もあります。

　前者は英・米を始めとするアングロサクソン系の国々であり、後者は独・仏をはじめとするゲルマン系の国々です。明治初期に独・仏の文化を多く取り入れた我が日本も、後者です。

② 即時経費にできる金額

　「第1章　3.減価償却をしないもの（2）金額が僅少なもの」において、〝金額の僅少なものは、1年以上の長期に渡って使用できる物品でも、支出時に即経費にできるものがあり、その金額は、会社の規模によって異なる〟旨を取り上げました。

　支出時に即経費にするというのは、1年以上に渡って使用できる物的資産の耐用年数を〝1年未満とする〟ということにほかなりません。

　前項で取り上げたように、法人税法は、固定資産ごとに耐用年数を定めています。そして法人税法は、即時に経費にできる金額等についても、その特例を図表2-3のように定めています。

図表 2-3：即時償却等ができる物的資産の金額

- 1個当たりの取得金額が 10 万円未満の少額資産は、取得価額の全額を即時経費可

- 1 個当たりの取得金額が 20 万円未満の場合は、 3 年間で均等償却可

- 中小企業者等の場合は、 1 個当たりの取得価額が 30 万円未満であれば、年間 300 万円を限度に取得価額の全額を即時経費可

3. 残存価額（残存簿価）

（1）残存価額とは？

　既に取り上げたように、購入したときに支出した金額と除却したときに残存する金銭的価値の差額が、各使用期間に配分する金額、すなわち減価償却の対象額になります。

　図表 1-4 の解説の箇所では、除却したときの金銭的価値はほとんど無価値であるとしましたが、価値がある場合はどうでしょうか？

　物理的、機能的、経済的に使用に耐えられなくなるまで使用して除却するという前提に立てば「除却時に金銭的価値がある」ということは、なかなかイメージできません。しかし、まだ使えるけれども、退役させる場合はどうでしょうか？

　物品を使用し続けていれば、物理的に劣化が進みます。それにもかかわらず、使用開始時と同じ生産能力を維持しようとすれば、物品のメン

テナンスに費用が掛かるのが道理です。そこで、そうなる前に退役させ、中古品市場で高い価値が得られる期間内に売却し、メンテナンス費用を回避しようとする戦略がとられます。

　実際、航空会社では、このような戦略が取られています。売却された中古機は、サービスに対する顧客の要求レベルが比較的穏やかな国の航空会社などに引き取られ、そこでまた活躍し続けます。

（２）減価償却の対象金額

　物品を退役させた時に金銭的価値がある場合は、取得したときに支出した金額から、退役時に残存する金銭的価値を控除した金額が、減価償却の対象になり、使用期間に配分されます。この退役時の金銭的価値のことを「残存価額」、あるいは「残存簿価」と呼びます。

　すなわち、減価償却の対象額（これを〝要償却額〟と呼ぶこともある）は、以下の算式で計算されます。

減価償却対象額 ＝ 取得価額 − 残存価額

（３）残存価額の見積り

　残存価額は、物品が退役した時に残存する金銭的価値ですが、減価償却を開始するためには、使用開始時においてそれを見積もる必要があります。見積りに当たっては、中古品市場での価額や、自社における過去の経験、他社の事例などが参考になります。

　中古品市場がない物的資産でも、スクラップが高額で取引されるようなケースでは、スクラップとしての価値が残存価額になります。

中古品市場が無く、スクラップとしての価値も見込めない時は、残存価額は「無し（ゼロ）」とします。

4. 修繕・改良と減価償却費

生産活動に使用される物的資産は、使用期間と生産能力を維持するためにメンテナンスが継続され、各種の修繕が行われ、改良が加えられます。

（1）修繕と改良の違い

修繕は、物品の既存の生産能力を維持したり、予定していた使用可能期間を維持したりするために行われます。運送業に使うトラックの例で言えば、定期点検や整備、故障箇所の修理などが該当します。修繕をしても、生産能力がこれまでよりも増大したり、使用可能期間が 延びたりすることはありません。

改良は、物品の生産能力を高めたり、使用可能期間を延長したりするために行われます。トラックの例で言えば、エンジンをオーバーホールしたり改造することによって、登坂能力が向上して以前よりも多くの貨物を輸送できるようになったとか、運行可能距離が 100 万 km から 120 万 km へ延びたりすることが該当します。

（2）減価償却費への影響

物品の修繕をしても生産能力が増大したり、使用可能期間が延びたり

することはありません。支出金額が、減価償却の三要素である取得原価、耐用年数、残存価額に影響を与えることはありません。したがって、修繕のための支出は、支出したときの「経費」とします。

　他方、改良は、それによって物品の生産能力が増大したり、使用可能期間が延びたりします。すなわち改良のための支出は、減価償却の三要素である取得原価、耐用年数、残存価額のいずれか1つもしくは複数に影響を与え、改良後の減価償却費に影響を与える可能性があります。

　したがって、改良に要した支出金額は、改良が行われた時点で取得原価に加算するとともに、改良が行われた時点における残りの使用可能期間や残存価額の再見積りをし、残りの使用可能期間に配分する減価償却費の金額を再計算しなければなりません。

（3）減価償却費の再計算例

　以下の事例に基づいて、減価償却費の再計算の例を見ていきます。

（取得時の状況）

　トラックの取得時において、以下のデータに基づいて、年間200万円の減価償却費を決定しました。

	（取得時）
支出した金額（取得金額）	2,000万円
耐用年数	10年
残存価額	0円
年間減価償却費	200万円

（改良時の状況）

トラックの使用開始 7 年後に、最新技術に基づいてエンジンの改良を行った結果、耐用年数が従来の 10 年よりも 5 年延びて、残り 8 年間使用できることになりました。改良のための支出金額は 400 万円でした。

上記事例に基づくと、トラックの取得原価は 2,000 万円で、年間減価償却費は 200 万円です。改良までに 7 年使用したので、過去 7 年間において配分された減価償却費の累計額は 1,400 万円になります。残りの 3 年間に配分予定の金額は 600 万円です。

$$2,000 万円 - (200 万円 \times 7 年) = 600 万円$$

8 年目の初めに、400 万円を掛けてエンジンを改良した結果、さらに 8 年間使用できることになりました。

取得原価の残り 600 万円と改良のための支出 400 万円の合計 1,000 万円を、今後使用可能な 8 年間に配分することになるので、新しい年間の減価償却費は 125 万円になります。

$$(600 万円 + 400 万円) \div 8 年 = 125 万円$$

（この事例では、減価償却の方法として定額法を採用しています。減価償却の方法については第 3 章で取り上げます。）

5. 使用可能期間の延長

当初に予測した耐用年数に到達した物的資産であっても、物理的、機能的、経済的に使用可能であれば、使用を継続するのが道理です。その場合、使用を継続する期間の減価償却費は、どうなるのでしょうか？

（1）対策しない場合

減価償却開始時に予測した耐用年数に基づいて減価償却をしていると、耐用年数に到達した時点においては、配分する金額は、もはや、ありません。それをイメージしたのが**図表 2-4** です。

図表 2-4：耐用年数経過後の使用

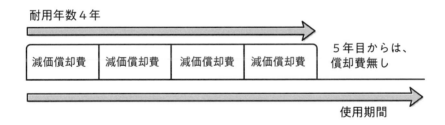

その場合は、どうなるのでしょうか？耐用年数経過後の使用期間に配分する減価償却費はもはやないので、収入から控除する分もないことになります。したがって、耐用年数経過後の期間においては、収入の額がそのまま利益の額になります。これをイメージしたのが**図表 2-5** です。

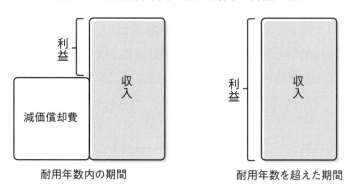
図表 2-5：減価償却費が無い期間の利益の額

利益
収入
減価償却費
耐用年数内の期間

利益
収入
耐用年数を超えた期間

　現実には、減価償却費は様々な物品から発生しており、かつ経費には減価償却費以外の経費もたくさん含まれているので判別しにくいのですが、理屈の上では**図表 2-5**で示したように当該物品を使用して稼いだ収入から控除する経費はなく、収入の金額は、そのまま利益の額になります。

　しかし、使用を継続している機械は、実際に稼働しています。用役を提供しています。それなのに、いくばくかの減価償却費も負担しないというのは、不合理です。

（2）残りの使用期間で再配分

　その不合理を、わずかでも解消するために、耐用年数を超えて使用が見込まれる物的資産については、耐用年数経過後も使用が見込めると判断した時点で未配分の金額を、残りの使用可能期間に配分するように変更します。

　具体的には、物的資産の改良を行い使用可能期間が長くなった場合の

減価償却の再計算については「4.修繕・改良と減価償却費（3）減価償却費の再計算例」で取り上げましたが、これと同じように、残りの使用可能期間に配分する減価償却費の再計算をします。

　改良したわけではないので、取得金額に追加する金額はありませんが、以下のように、未配分の金額を配分する期間を長くするのです。

　例えば、トラックの取得原価は 2,000 万円、当初予測した耐用年数は 10 年、年間減価償却費は 200 万円、7 年使用した時点で今後 5 年間使用できることが判明したとします

　その時点で、未配分額（残り期間に配分予定の金額）は 600 万円です。

　この 600 万円を残りの 5 年間に配分することになるので、以下の算式により、各年の減価償却費は 120 万円になります。

$$600 万円 \div 5 年 = 120 万円$$

　使用可能期間が延長されたことにより、年間減価償却費は、それ以前の期間の金額よりも少なくなりますが、それでも、残りの各使用期間に公平に配分されます。これを示したのが **図表 2-6** です。

図表 2-6：使用可能期間の延長に伴う減価償却費の調整

第3章
減価償却の方法と記録

1.減価償却の方法

　減価償却は、物的資産の取得のために支出した金額、すなわち取得原価を使用期間に配分することですが、その方法には定額法、定率法、生産高比例法があります。

（1）定額法

① 計算方法

　定額法は、各使用期間の減価償却費を同額とする方法です。各期間の減価償却費は、次の算式で求められます。

> 各期間の減価償却費 =（取得原価 − 残存価額）÷ 耐用年数

　使用期間の経過と定額法による減価償却費の関係を図にすると**図表 3-1** のようになります。

図表 3-1：定額 率による減価償却費の推移

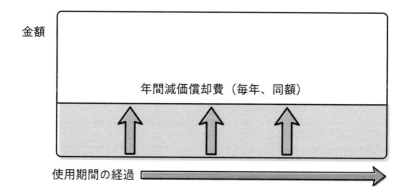

金額

年間減価償却費（毎年、同額）

使用期間の経過

② 適した物品

　この方法では、各使用期間に同額の金額が配分されます。この方法の背景には〝**物的資産が提供する便益の大きさは、どの期間においても同じである**〟という推測があります。

　したがって、この方法で各期間の減価償却費を計算するのに適した物品は、使用可能期間に渡って同じようなボリュームの便益を提供する物的資産ということになります。

　もし物的資産が提供する便益のボリュームが使用期間によって異なることが明らかな場合は、定額法で各期間の減価償却費を計算す

るのは、適切ではありません。

③ 計算例

　以下の条件にある物的資産を取得し、定額法で計算する場合の減価償却費は、以下のようになります。

（物品の条件）
- ●取得金額：1,000 円
- ●耐用年数：5 年
- ●残存価格：100

（計算式）
(1,000 − 100) ÷ 5 年 =180

　したがって、毎年 180 の減価償却費が配分されることになります。

（2）定率法

① 計算方法

　定率法は、各使用期間の減価償却費を物的資産の取得に要した金額の一定割合とする方法です。各期間の減価償却費は、次の算式で求められます。

各期間の減価償却費 ＝（取得原価 − 減価償却累計額）× 減価償却率

　減価償却累計額は、取得原価のうち過去の期間に配分した減価償

却費の累計額です。取得金額から減価償却累計額を控除した金額は、帳簿残高と呼ばれます。

（取得原価 – 減価償却累計額）＝ 帳簿残高

　減価償却累計額は、使用期間の経過に伴って減価償却が進むにつれて増えていきます。したがって帳簿残高は、使用期間が経過するのに伴って減少し、物的資産の除却時点においては「残存価額」と同じ金額になります。

　定率法による減価償却費の計算では、低減する帳簿残高に減価償却率を乗じるので、減価償却費の額は、毎年逓減していきます。すなわち、初期に多くの減価償却費が計算され、年数が経過するごとに減少していきます。図にすると、**図表 3-2** のようになります。

図表 3-2：定率法による減価償却費の推移

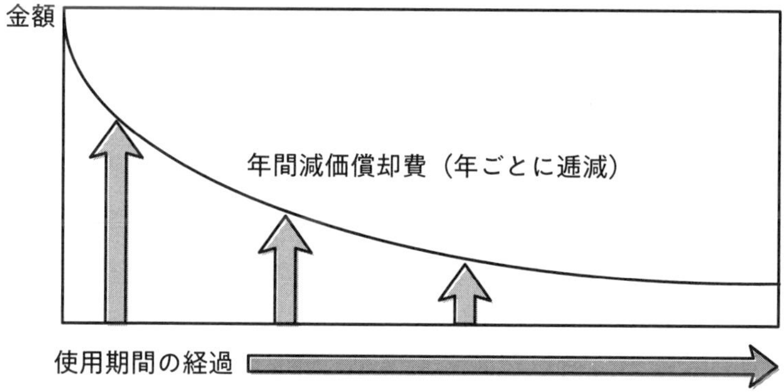

金額

年間減価償却費（年ごとに逓減）

使用期間の経過

② 適した物品

　この方法では、使用期間の初期に多くの減価償却費が配分されま

す。この方法の背景には〝**物的資産が提供する便益のボリュームは初期に大きく、使用期間の経過に伴って減少していく**〟という推測があります。

　したがって、この方法で各期間の減価償却費を計算するのに適した物的資産は、使用期間の初期により大きな便益を提供する物的資産ということになります。

　もし物的資産が提供する便益のボリュームが使用期間の経過に伴って逓減しないことが明らかな場合は、定率方で各期間に配分する減価償却費を計算するのは、適切ではありません。

③ 計算例

　定額法と同じ条件下にある物的資産の減価償却費を定率法で計算する場合の3年度目までの減価償却費は、以下のようになります。

（物品の条件）

　償却率は 0.369

（計算式）

●初年度の償却費
$(1,000 - 0) \times 0.369 = 369$

●2年度目
$(1,000 - 369) \times 0.369 = 233$

●3年度目
$(1,000 - (369 + 233)) \times 0.369 = 147$

（3）生産高比例法

① 計算方法

　　生産高比例法は、物的資産の取得のために支出した金額を、物的資産が提供する役務の量（生産高）に応じて各使用期間へ配分する方法です。各期間の減価償却費は、次の算式で求められます。

$$
各期間の減価償却費 = 取得原価 \times \frac{各期間の提供役務量}{総提供可能役務量}
$$

② 適した物品

　　生産高比例法は、物的資産が提供する役務の量（生産高）に応じて各使用期間の減価償却費を計算する方法ですから、当該物的資産が提供可能な総役務量と、各使用期間において提供した役務の量が合理的に計測できる物的資産に適した方法です。

　　この方法が用いられる物的資産には、輸送事業用車両、航空機、鉱山設備などがあります。

③ 計算例

　　以下の条件下にあるトラックの減価償却費を生産高比例法で計算する場合の初年度および２年度目の減価償却費は、以下のようになります。

（トラックの条件）

- 取得金額：2,000 万円
- 残存価額：ゼロ
- 総提供可能役務量：総走行可能距離 100 万 km
- 初年度の走行距離：12 万 km
- 2 年度目の走行距離：15 万 km

（計算式）

○初年度の減価償却費

$$2,000 万円 \times \frac{120,000}{1,000,000} = 240 万円$$

○ 2 年度目の減価償却費

$$2,000 万円 \times \frac{150,000}{1,000,000} = 300 万円$$

2. 減価償却の記録方法

　物的資産の取得に支出した金額を使用期間に配分するに従って、残りの期間に配分する金額は、次第に減少していきます。

　取得に際して支出した金額（取得金額）と過去の期間に配分済みの金額（減価償却累計額）との差額、言い換えれば、残りの期間に配分する予定の金額（これを〝**帳簿残高**〟と呼ぶ）を表示する方法には、**直接法**と**間接法**があります。

（1）直接法

　直接法は、配分済みの金額を取得金額から直接控除して、残りの期間に配分する予定の金額を表示する方法です。

　以下の事例があるとします。

取得金額	1,000万円
耐用年数	5年
残存価額	100万円
償却方法	定額法
年間の減価償却費	180万円

　直接法における各年の表示は、以下のようになります。各年において、帳簿残高の数字のみが表示されます。

（単位：万円）

	取得時	1年後	2年後	3年後	4年後	5年後
帳簿残高	1,000	820	640	460	280	100

↑
残存価額と同額

（2）間接法

　間接法は、取得金額と配分済みの金額を並列で表示して、取得金額から配分済みの金額（減価償却累計額）を差し引きする形で、残りの期間に配分する予定の金額（帳簿残高）を表示する方法です。

　前述した、直接法で採用した事例に基づいて、間接法による各年の表

示を示すと、以下のようになります。各年において、取得金額、減価償却累計額、帳簿残高の3つが表示されます。

（単位：万円）

	取得時	1年後	2年後	3年後	4年後	5年後
取得金額		1,000	1,000	1,000	1,000	1,000
減価償却累計額		180	360	540	720	900
帳簿残高	1,000	820	640	460	280	100

↑
残存価額と同額

　間接法では、該当物品の取得原価が常に表示されるので、取得に際して支出した金額を明示できるメリットがあります。

第4章
資産の除却と
買替え

1. 使用不能になった資産の除却

　物理的、もしくは機能的、経済的に使用に適さなくなった物的資産は、除却されます。除却されるというのは、使用されてきた物的資産が生産ラインから、あるいは仕事の現場から取り除かれることです。

　取り除かれた物的資産は、他者へ売却されることもあれば、そのまま廃棄されることもあります。

（1）売却の場合

　除却された物的資産に中古品市場がある場合は、その市場で売却することができます。確立された中古品市場がない場合でも、たまたま知合

いが当該除却される物的資産を欲しがり「譲ってほしい」という申し出を受けることもあります。中古品市場での買い手や譲渡を申し出る人は、当該物的資産を再利用することを意図しています。

　除却される時の物的資産の取得に要した支出額のうちのほとんどは、減価償却費として過去の使用期間に配分済みです。配分されずに残っている金額は、ごく僅かであることが少なくありません。

　中古品市場での売却価格もしくは知人への譲渡価格が、配分されずに残っている金額（帳簿残高）を上回る場合の差額は売却益、下回る場合は売却損と呼ばれます。それを示したのが**図表 4-1** です。

図表 4-1：売却益・売却損の計算例

	（売却益のケース）	（売却損のケース）
売却代金 ①	500	50
帳簿残高 ②	100	100
売却益（損）①－②	400	(50)

（2）廃棄の場合

　除却された物的資産に中古品市場がなく、知合い等からの譲渡依頼もない場合は、廃棄することになります。

　廃棄する物的資産でも、例えば鉄くずとしてのスクラップ価格があり、わずかですが代金を受け取れるものもありますが、逆に廃棄のために処分費用が必要で、新たな支出を余儀なくされるものもあります。

　廃棄される物的資産に、過去に減価償却費として配分されずに残っている金額、あるいは廃棄にあたって支出を余儀なくされた金額（廃棄費）

は、廃棄損として記録されます。それを示したのが**図表 4-2** です。

図表 4-2：廃棄損の計算例

	（廃棄費なしのケース）	（廃棄費ありのケース）
帳簿残高①	100	100
廃棄費②	0	200
廃棄損①＋②	100	300

2. 買替え

　物理的もしくは機能的、経済的に使用に耐えなくなった物的資産は除却されますが、除却する物的資産が担っていた生産活動を続けるには、買替えをしなければなりません。

（1）買替え候補

　買替えは、同じような機能を持つ物的資産を対象にすることもありますが、もっと生産能力の高い物的資産に替えることもあります。どちらにするかは、買い替える新規物的資産の採算性を検討した上で決定されます。

　買い替える物的資産の採算性の検討については第 9 章と 10 章で取り上げます。

（2）買替え資金

　どのような物的資産でも、買替えには資金が必要です。買替えには、会社が過去の生産活動で稼いで蓄積しておいた資金を充当することができます。

　会社に蓄積している資金は、会社の過去の利益の累計額から、過去に株主に配当として支出した金額を控除した金額です。

　更に、減価償却費の累計額に相当する資金も会社に蓄積されています。したがって、会社に蓄積されている資金の額は、配当支払後の利益の額に減価償却費の累計額を加えた金額になります。なぜなら、会社の利益は、商品やサービスの提供で獲得した収入から、減価償却費を含めた経費を控除した金額ですが、減価償却は支出を伴わないからです。その具体例を**図表 4-3** に示しました。

図表 4-3：利益と留保資金

収入	①	1,000
経費（控除）		
減価償却費（支出なし）		(100)
その他経費（支出あり）		(600)
控除合計	②	(700)
利益	③＝①－②	300
減価償却費（支出なし）	④	100
蓄積した資金	③＋④	400

図表 4-3 では、利益は 300 ですが、収入から控除されている経費 700 のうち、100 は減価償却費です。減価償却費は支出、すなわち現金の流出を伴わないので、減価償却累計額に相当する資金も会社に蓄積されています。したがって、会社には、合計 400（利益 300＋減価償却費 100）の資金が蓄積されています。

（3）借入と増資の優劣比較

　過去に蓄積した資金は既に他の物的資産の購入に支出してしまった、あるいは蓄積した資金では新規物的資産の購入に不足するという場合は、金融機関から借入をするか、あるいは株主に追加の出資を依頼するかを検討しなければなりません。

　借入をした場合は、利益の有無にかかわらず、借入契約に基づいた利率で利息を支払う必要があります。これに対し、増資は利益がある場合に配当を支払えば良いので、一見すると〝増資の方が有利〟のようですが、必ずしも、そうではありません。

　その理由は、税制にあります。日本の法人税法では、利益に対して約 30％ の税率で法人税等が課せられます。利益は収入から経費を控除した金額ですが、この経費には支払利息も含まれます。しかし、支払配当は含まれません。

　このために、支払利息と同額の配当を支払うには、約 1.4 倍の利益を獲得しなければならないのです。

　このため、買替えに必要な資金を借入に頼るか、増資にするかを決定する際は、慎重な検討が必要になります。

第2部

減価償却費
の
特質と実務
での留意点

第5章
減価償却費と利益及び現金増加額の関係

　物的資産の取得に要した支出金額は、〝金額が僅少である〟などの例外を除いて、支出した時の経費とはならずに、その後の使用期間に配分された金額が、減価償却費という名目で経費になります。

　この減価償却費は、現金の支出がないにも係わらず、その他の経費とともに収入から控除されます。そして、収入が上回る部分は利益と呼ばれます。

　本章では、現金の支出・収入と利益の計算、利益の額と減価償却費、および蓄積される現金の大きさの関係について見ていきます。

1. 減価償却費と
　お金の流れ

　図表 4-3 で見たように、収入から減価償却費を含めた経費を控除した金額が、利益になります。

　他方、会社に蓄積される資金の額は、利益の額に減価償却費を加えた額になります。なぜなら、**利益計算にあたって収入から控除される減価償却費は、支出（現金の流出）を伴わない**からです。

（再掲）図表 4-3：利益と留保資金

収入	①	1,000
経費（控除）		
減価償却費（支出なし）		(100)
その他経費（支出あり）		(600)
控除合計	②	(700)
利益	③＝①－②	300
減価償却費（支出なし）	④	100
蓄積した資金	③＋④	400

（1）その他経費がない事例

　まず、話を簡単にするために、支出を伴う「その他経費」がない事例です。今、以下のような事例を考えます。

（物品の条件）

物的資産の取得のための支出（取得金額）：300
使用可能年数（耐用年数）：3年
残存価額：0
償却方法：定額法
年間減価償却費：100
商品販売による年間収入：1,000

　条件に基づいて、物的資産の購入時、および1年目から3年目までの現金の支出と収入、および減価償却費と蓄積した資金の大きさを一覧にすると、**図表5-1**のようになります。

図表5-1：減価償却費と蓄積する資金の関係

	購入時	1年目	2年目	3年目
収入（商品販売）　①		1,000	1,000	1,000
支出（物的資産購入）②	300	0	0	0
減価償却費　　　　③		100	100	100
利益　　　④＝①－③		900	900	900
蓄積資金　⑤＝④＋③		1,000	1,000	1,000

　この事例では、1年目から3年目までの年間収入から減価償却費を控

除したものが利益の額になり、利益の額に減価償却費を加えたものが蓄積資金の額になります。

　この蓄積した資金は、物的資産の買替え、将来のための新規投資、借金の返済、株主への配当支払い等に回すことができます。

（2）その他経費がある事例

　図表 5-1 の事例に、その他経費 600 を加えて、現金の支出と収入、その他経費と減価償却費、および蓄積した資金の大きさを一覧にすると、**図表 5-2** のようになります。

図表 5-2：その他経費、減価償却費と蓄積する資金の関係

		購入時	1年目	2年目	3年目
収入（商品販売）	①		1,000	1,000	1,000
支出（物的資産購入）	②	300	0	0	0
支出（その他経費）	③		600	600	600
減価償却費	④		100	100	100
利益　⑤＝①－（③＋④）			300	300	300
蓄積資金　⑥＝⑤＋④			400	400	400

　図表 5-2 において 1〜3年目の各年で蓄積する資金 400 は、**図表 5-1** の蓄積資金 1,000 よりも 600 少なくなっています。その理由は、**図表 5-2** では、その他経費のための支出が、各年とも 600 あるからです。

（3）減価償却費とその他経費の違い

　減価償却費とその他経費には、現金流出の有無以外にも、違いがあります。

　その他経費には、収入の増減に伴って増えたり減ったりする経費（変動費）も含まれていますが、減価償却費は、収入の増減に関わりなく、毎期一定額が発生する経費（固定費）です。

　この性質は、商品やサービスの販売数量の増減に伴って、経費がどのように変動するか、さらには利益がどのように変化するのかを検討する際に重要になります。これの詳細については第7章で取り上げます。

2. 決算書における減価償却費

　物的資産の取得のために支出した金額と、それを使用期間に配分した減価償却費の額は、決算書のどこに表示されるのでしょうか？

（1）決算書とは何か？

① 決算書の作成者

　決算書は、会社のみならず、非営利法人や国、地方公共団体が決算において作成する書類で、ある一定時点における財政状態と一定時点で終了する期間における事業成果等を表示するものです。

　財政状態を表示することになる一定時点は決算日あるいは事業年度末日と呼ばれています。一定時点で終了する期間は、通常1年間

で、事業期間あるいは事業年度と呼ばれています。

　また、決算書という呼び方は「通称」であって、正式な名称は、作成を義務付けている根拠法令で明らかにされています。

② 会社の決算書

　ちなみに日本の会社において、決算書の作成を義務付ける法律と、作成する書類の種類及び名称は、**図表 5-3** のようになっています。

図表 5-3：会社が作成する決算書類の名称および種類

根拠法律	法人税法	会社法	金融商品取引法
名　称	決算書	計算書類等	財務諸表
種　類	・貸借対照表 ・損益計算書 ・勘定科目内訳明細書 ・株主資本等変動計算書	・貸借対照表 ・損益計算書 ・株主資本等変動計算書 ・個別注記表 ・事業報告 ・附属明細書	・貸借対照表 ・損益計算書 ・キャッシュ・フロー計算書 ・株主資本等変動計算書 ・附属明細書

　会社法は、日本にあるすべての会社（約300万社）が遵守を義務付けられている法律で、金融商品取引法は、上場会社その他の有価証券報告書提出会社（約4,500社）等が遵守を義務付けられている法律です。

　すべての会社は会社法の規定に従って計算書類を作成すべきなのですが、資本金5億円以上、もしくは負債総額200億円以上の大会社（約12,000社）に該当しない会社は監査法人や公認会計士による会計監査を受ける義務がないため、上記3つの法律のうち税法のみ

を意識した会計が行われているのが実状です。

（2）支出金額と減価償却費の表示

　物的資産を取得するための支出金額と減価償却費は、複数の書類に重複して表示されますが、基本になるのは貸借対照表と損益計算書です。貸借対照表には、物的資産の取得のための支出金額のうちの未配分額である帳簿残高（直接法の場合）、もしくは支出金額と減価償却累計額の両方（間接法の場合）が、損益計算書には減価償却費の額が表示されます。

　損益計算書は、収入から減価償却費やその他経費を控除して、利益の金額を表示する書類ですが、販売会社やサービス会社の損益計算書とメーカーの損益計算書には、若干の違いがあります。

① 販売会社の損益計算書

　販売会社は他者が生産した商品を仕入れて、それを販売する活動を行います。商品の仕入れに際して支出した金額のうち、すでに販売した商品の分は売上原価になり、販売活動等のために消費する物品やサービスを購入する際に支出した金額は販売管理費になります。

　仕入れた商品を保管する倉庫、その他の販売用・管理用の建物や施設を保有している場合は、それらの減価償却費も販売管理費になります。

　すなわち、販売会社の損益計算書の販売管理費は減価償却費を含んでいることになります（これについては第7章で詳細に取り上げます）。

　これを図にすると**図表5-4**のようになります。

図表 5-4：販売会社の活動

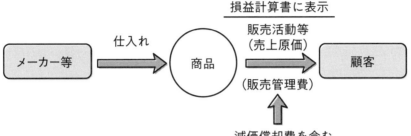

損益計算書に表示

メーカー等　→　仕入れ　→　商品　→　販売活動等（売上原価）　→　顧客

（販売管理費）

減価償却費を含む

② サービス会社の損益計算書

　サービス会社は、顧客に対して直にサービスを提供して販売します。サービスを提供するために、従業員が作業に従事し、資材を消費します。この従業員の給料や資材代等が売上原価になります。

　販売活動等のために消費する物品やサービスの購入に際して支出した金額、および販売用・管理用の建物や施設の減価償却費は、販売管理費になります。すなわち、サービス会社の場合も、販売管理費は減価償却費を含んでいます。

③ メーカーの損益計算書

　メーカーの場合は、工場で商品を生産するという活動があります。生産活動を営むために、原材料を外部から仕入れ、工員がこれに機械装置等を使用して手を加え、商品に加工します。

　外部から原材料を仕入れるために支出した金額は材料費、工員の給料は労務費、工場建物や機械装置等の減価償却費等は製造間接費と呼ばれます。これらの内容は製造原価明細書に表示されます。

　製造原価明細書は完成した商品の製造原価を表示します。完成した商品の製造原価のうち、すでに販売された商品に関わる分は、売

上原価として損益計算書に表示されます。

　メーカーの場合も、販売活動等のために消費する物品やサービスの購入に際して支出した金額、および販売用・管理用の建物や施設の減価償却費は、販売管理費になります。

　したがってメーカーの場合は、売上原価と販売管理費の両方に減価償却費が含まれていることになります。（商品の売上原価に含まれる減価償却費については第6章で取り上げます）

　これらを図にすると、**図表 5-5** のようになります。

図表 5-5：メーカーの活動

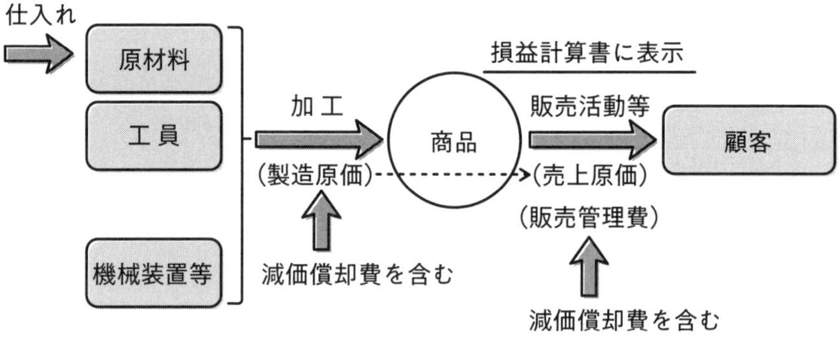

（3）減価償却費と利益の関係

　図表 5-4 と **5-5** で見たように、販売会社とサービス会社の場合は、利益の金額を表示する損益計算書の販売管理費の中に減価償却費が含まれ、メーカーの場合は、損益計算書の売上原価と販売管理費の両方に減価償却費が含まれています。

　損益計算書は、現金の流入をもたらす収入から経費を控除して、利益

の金額を表示するものです。繰り返しになりますが、経費の１つである減価償却費は、損益計算書を作成する事業年度においては支出を伴うものではありません。それでも、利益を計算する際には、この減価償却費は控除されます。

　すなわち、利益の額と収入によってもたらされた現金の増加額は、一致しないのです。現金の増加額は、利益の額よりも、減価償却相当額だけ大きいのです。

　これの例を図にしたのが**図表 5-6** です。

図表 5-6：減価償却費および利益と現金増加額の関係

減価償却費 100	現金増加額 400
利 益 300	

（４）利益と現金増加額の関係

　このように、損益計算書の利益の額と、事業年度中に増加した現金の額は一致しません。そこで、事業年度中に増加した現金の額と増加の経緯を明らかにするために、2000 年３月期の決算からキャッシュ・フロー計算書が作成されるようになりました。

　なお、損益計算書の利益の額と現金の増加額の不一致が生じる最大の要因は減価償却費ですが、それだけではありません。この他にもたくさんの要因があります。詳細は補章１で取り上げます。

第6章
減価償却費と
商品原価及び
販売価格

　商品1個当たりの販売価格は、商品1個の総原価に期待利益を上乗せして決めます。しかし、商品1個の総原価は、商品の生産および販売数量の増減に伴って変動します。

　なぜなら、商品の総原価には、生産・販売数量に比例して変動する原価（変動費）と、生産・販売数量の増減に係わらず、一定額が発生する原価（固定費）があるからです。後者の代表が減価償却費です。

　本章では、減価償却費や他の固定費が1個当たり総原価と販売価格に与える影響を取り上げます。

　なお本章では、説明を簡単にするために、生産した商品はすべて販売されるものとし、生産数量 ＝販売数量とします。

1. 減価償却費を含む 総原価と販売価格

（1）会社存続の条件

　第5章で見たように、販売会社は、他者から仕入れた商品を販売して利益を上げています。メーカーは、他者から仕入れた原材料を加工して商品を生産し、これを販売して利益を上げています。

　では、販売会社やメーカーは、どのようにして販売価格を決めているのでしょうか？

　販売会社にしてもメーカーにしても、会社が存続していくためには資金が必要です。その資金を確保するために、利益を上げなければなりません。その利益は商品の販売によって得られる収入が、生産および販売・管理活動に要する経費を上回った場合に得ることができます。

　すなわち、販売会社でもメーカーでも、仕入れ・生産および販売・管理活動に要する経費の合計金額を回収できるように商品の販売価格を決定し、収入を獲得しなければならないのです。

（2）減価償却費と総原価の構成

　　メーカーの場合、商品の生産および販売・管理活動に要する経費の合計金額は総原価（もしくは商品原価）と呼ばれます。総原価は、大きく分けると、生産のための製造原価、商品の販売のための販売費、会社全体の管理のための管理費、資金調達のための財務費用で構成されています。これを一覧にしたのが**図表 6-1** です。

図表 6-1：原価の構成

製造原価	販売費	管理費	財務費用
総原価（商品原価）			

① 製造原価の内容

　商品は、原材料を加工して製造します。加工は、工員が機械装置を使用して行うのが一般的です。機械を運転するには電気や燃料などのエネルギー、水等が必要です。潤滑油などの補助材料も必要です。

　製造原価を構成する要素の種類と分類方法は複数ありますが、製造原価の計算では材料費、労務費、その他経費の３つに分けます。それぞれ、**図表 6-2** のようなものを含んでいます。

図表 6-2：製造原価の内訳

材料費	原材料費、補助材料費
労務費	工員の給料・賞与等 工場監督者・事務員等の給料・賞与等
その他経費	電気代、燃料代、水道代 工場建物や機械装置の減価償却費 その他

② 販売費・管理費の内容

　　販売費は営業活動に従事している人やレジで働いている人の給料、出張旅費、接待費、商品保管倉庫で働いている人の給料、商品の配送料、倉庫の設備や営業用施設の減価償却費などです。

　　管理費は総務、人事、経理、情報システムなど、会社の管理業務に従事している人の給料や使用する設備のための支出、管理用施設の減価償却費などです。

　　これらを一覧にすると**図表6-3**のようになります。

図表 6-3：販売費・管理費の内訳

販 売 費	営業及び販売員の給料、出張旅費、接待費、倉庫員の給料、商品配送料等、倉庫の設備費や営業用施設の減価償却費等
管 理 費	管理業務従事者の給料、管理用設備費、管理用施設の減価償却費

③ 財務費用

　　財務費用は、銀行等から資金を借りている場合の支払利息です。これも総原価の1つになります。

（3）総原価と販売価格

　商品の販売価格は、総原価に期待利益を加えて決定します。期待利益は、その商品の販売で獲得したい利益の大きさです。

　これを図にすると、**図表6-4**のようになります。

図表 6-4：商品の販売価格の構成

製造原価	販売費	管理費	財務費用	
総原価（商品原価）				期待利益
商品の販売価格				

　したがって、総原価は同じでも、消費者のニーズが高く、大きな利益が期待できる商品の価格は高く、そうではない商品の価格は安くなります。

2. 商品1個当たり　総原価と減価償却費

（1）1個当たり総原価の把握

　商品の販売によって得られる収入の総額は、商品の1個当たり販売価格に販売数量を掛けたものです。販売数量は市場からの影響で所与のものとすれば、収入が製造および販売・管理等に係る経費を上回るには、商品の1個当たり販売価格は1個当たり総原価を上回るものでなければなりません。

　そのためには、会社の中で発生した製造原価や販売費、管理費、財務費用からなる総原価と期待利益を、生産・販売予定の商品数量で割って商品1個当たり総原価を把握する必要があります。

（2）変動費と固定費

　総原価を構成する製造原価、販売費、管理費、財務費用には、商品の生産もしくは販売の数量に比例して増減する原価と、それには関係なく、常に一定金額が発生するものがあります。前者を変動費、後者を固定費と言います。

① 変動費

　　変動費は、生産数量に比例して増減する原材料費、生産ラインの工員の給料、電気料や燃料代などのエネルギー関連の原価です。商品の販売数量によって増減する商品配送料なども変動費です。

　　変動費は、生産数量もしくは販売数量に応じて増減するので、生産数量もしくは販売数量が増加すれば比例して増え、減少すれば比例して減ります。言い換えれば、商品1個当たりの原材料費、あるいは商品配送料は、常に一定です。

② 固定費

　　固定費は、生産数量に関係なく発生する工場建物や機械装置の減価償却費、工場監督者・事務員の給料、固定給の営業及び販売業務や管理業務に従事する従業員の給料、販売施設や管理施設の減価償却費などです。

　　図表 6-5 は、固定費の例です。

図表 6-5：固定費の例

（総原価の区分）	（固定になるもの）
製造原価	・工場建物や機械装置、生産設備等の減価償却費 ・工場監督者・事務員の給料 ・製造用ソフトウェアの減価償却費 ・その他
販売費・管理費	・営業および販売業務に従事する従業員の給料 ・販売用建物や設備等の減価償却費 ・販売店舗や倉庫の支払家賃 ・広告宣伝費 ・管理業務に従事する従業員の給料 ・管理業務に使用する機器類の減価償却費 ・販売・管理業務用のソフトウェアの減価償却費 ・その他
財務費用	・支払利息 ・その他

　これらの固定費は、生産数量や販売数量に関係なく一定額が発生するので、1個当たりの金額は、生産数量や販売数量が増えると少なくなり、減ると多くなります。

　例えば、工場建物と機械装置の減価償却費を年間100万円とした場合、生産数量により、1個当たりの減価償却費は、以下のように変わります。

（年間減価償却費）	（生産数量）	（1個当たり減価償却費）
1,000,000 円	5,000 個	200 円
1,000,000	10,000	100
1,000,000	20,000	50

すなわち、生産量が増えれば増えるほど、１個当たりの固定費は逓減していき、製造原価および総原価は小さくなります。

（3）減価償却費からみる大量生産のメリット

生産量が増えれば、製造原価に含まれる固定費の商品１個当たりの金額は逓減します。これに基づいて会社は、商品の販売価格を引き下げることができるようになります。その結果、消費者の購買意欲を刺激して、販売数量を伸ばすことができる可能性があります。

さらに、販売費および管理費の多くと財務費用は固定費なので、もし販売数量が伸びれば、製品１個当たりの販売費、管理費、財務費用も逓減します。それは総原価の低下を意味します。

すなわち、生産数量および販売数量が増え、商品１個に配分される固定費の額が少なくなることにより、①商品１個当たり総原価も少なくなります。この結果、②商品１個当たりの期待利益が膨らむので、③多少は商品の販売価格を引き下げても、販売数量が伸びれば会社の利益の額は増大することになります。

これを示したのが**図表 6-6** です。この効果は大量生産のメリットと呼ばれています。

図表 6-6：大量生産のメリット

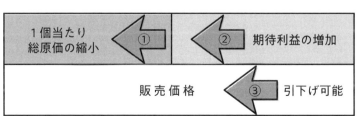

（4）カラオケ店の減価償却費と料金の関係

カラオケ店の場合はどうでしょうか？カラオケ店は、店舗の中にカラオケ装置を備え、それを顧客に利用してもらって料金収入を得ています。これは、映画館やテーマパークと同じ業態の装置産業と言えます。

① 原価の内容

カラオケ店の収入は、顧客1人当たりの1時間当たり料金です。したがって収入は、顧客の数が多いほど、そして顧客の滞在時間が長いほど、増えていきます。

他方、カラオケ店の原価はというと、客室に顧客が滞在中の電気料金、トイレの水道料金、楽曲の配信料などの変動費もありますが、ほとんどは自前の店舗の減価償却費や借上店舗の家賃、購入したカラオケ装置の減価償却費やリースした場合のリース料、受付店員の給料、清掃料、広告宣伝費、本社の管理費や財務費用などの固定費です。

図表 6-7：カラオケ店の変動費と固定費の例

変動費の例	・客室の電気料金
	・トイレの水道料金
	・楽曲の配信料・著作権料・インターネット使用料等
固定費の例	・店舗建物の減価償却費、もしくは家賃
	・カラオケ装置の減価償却費、もしくはリース料
	・店員の給料
	・廊下、ロビー等の電気料
	・清掃料
	・広告宣伝費
	・本社の管理費や財務費用

② 料金の決定

　カラオケ店の利用料金は、「1人当たり1時間○○円」と定められています。この料金は、顧客1人1時間当たりの原価（主に固定費）に期待利益を加えた金額になります。

　そして、顧客1人1時間当たりの原価は、1か月とか1年などの期間内に発生が見込まれる総原価（主に固定費）を、その期間内に来店が期待される顧客数に1人当たりの平均滞在時間を乗じた総滞在時間数で割って算出します。

　つまり、以下の算式により、顧客の数が多いほど、そして顧客の滞在時間が長いほど分母の総滞在時間数が長くなるので、顧客1人1時間当たりの原価（主に固定費）は少なくなります。

$$顧客1人1時間当たりの原価（主に固定費）＝\frac{ある期間内の総原価}{顧客の総滞在時間数}$$

③ 期待利益の変化

　したがって、顧客1人1時間当たり料金は一定で変化がないとすれば、顧客の数が増えるほど、そして顧客の滞在時間が長くなるほど、顧客1人当たりの滞在1時間当たりの原価は小さく、期待利益は大きくなっていきます（**図表6-6** 参照）。

　この大きくなった期待利益を原資として、来店客数をさらに増やすための種々の割引が可能になります。この仕組みについては本章3.（4）で取り上げます。

3. マーケットで
販売価格が決まる場合

　商品1個当たり総原価に期待利益を加えて商品の販売価格を決めるのが理想的ですが、多くの会社が生産する商品の販売価格は、他社との競争で必然的に低くなっていくのが現実です。言い換えれば、他社の販売価格との比較で販売価格を決めざるを得ないケースがたくさんあります。

　その場合、期待利益が十分に確保できないとか、最悪の場合、販売価格が総原価を下回る場面も発生します。そうなった際は、どのように対応すればよいのでしょうか？

（1）原価低減活動

　市場で決まった販売価格が総原価を下回る状況に陥った商品の販売価格と総原価の関係は、**図表 6-8** のようになっています。

図表 6-8：販売価格が総原価を下回る

製造原価	販売費	管理費	財務費用
総 原 価 （ 商品原価 ）			
販 売 価 格			

　このような商品を抱える会社では、当該商品の総原価を販売価格以下に抑える必要があります。つまり、市場の販売価格から逆算して期待利益を確保できるだけの総原価を計算し、製造原価、販売費、管理費、財務費用からなる総原価をその範囲に抑えるための原価低減活動を行いま

す。これを示したのが**図表 6-9** です。

図表 6-9：原価低減活動

（新）期待利益

（2）生産中止の検討

　もし原価低減の努力を重ねても、総原価を販売価格以下に引き下げられない場合は、その商品の生産を中止し市場から撤退することが考えられます。生産の中止により、売上高という販売収入はなくなりますが、同時に原価も発生しなくなるので、赤字の状態から逃れることができます。

　生産の中止を決定する際は、商品の生産中止により発生しなくなる原価の範囲について、注意深く検討しなければなりません。

　総原価には、原材料費や商品の輸送費などのように商品の生産および販売数量に比例して発生する原価、言い換えれば生産・販売を中止すれば発しなくなる原価がある一方、販売や管理業務に従事する従業員の給料、工場建物や機械装置の減価償却費、販売や管理活動に使用する施設の減価償却費などのように、ある商品の生産を中止しても発生し続ける原価があるからです。前者を変動費、後者を固定費と呼ぶことは、既に取り上げたところです。

（3）販売価格による減価償却費の回収範囲

　図表6-8で示した販売価格が総原価を下回る状況に陥った商品について、総原価を変動費と固定費に分けて、販売価格と比較したのが**図表6-10**です。

　図表6-10では、固定費は減価償却費のみとしています。その理由は、従業員の給料等は、配置転換等により抑えることができる可能性があるが、一度取得した物品の減価償却費は簡単には削減できないこと、およびこれからの説明を簡略にするためです。

図表 6-10：販売価格が総原価を下回る

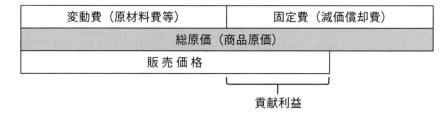

① 発生しなくなる原価の把握

　ある商品の生産を中止すると販売収入がなくなります。それにより、もし総原価のすべてがなくなれば、会社は赤字を止めることができます。

　しかし繰り返しになりますが、総原価のなかには、生産・販売をやめれば発生しなくなる原価（変動費）がある一方、発生し続ける原価（固定費）があります。

② 変動費と固定費の一部を回収できるケース

　図表 6-10 のように、販売価格が総原価を下回る場合でも、生産中止により発生しなくなる原価、すなわち変動費を上回っている場合は、上回る分（貢献利益という）で生産を中止しても発生し続ける**固定費（減価償却費）の一部を回収**することができます。

　したがって、この場合は生産を継続するほうが、会社の赤字の原因である固定費（減価償却費）の一部を回収することができるので、会社の赤字の額を少なくすることができます。

③ 変動費を回収できないケース

　販売価格が原材料費などの変動費を下回る場合（**図表 6-11 のケース**）は、販売価格（収入）は、生産・販売に伴って発生する変動費のすべてを回収することができません。**固定費の一部の回収など論外**です。

図表 6-11：販売価格が変動費を下回るケース

変動費（原材料費等）	固定費（減価償却費）
総原価（商品原価）	
販　売　価　格	

　すなわちこのケースにおいて、販売価格は、生産・販売のために必要な現金支出を伴う変動費を回収することができない（現金の流出超過になる）のです。

その結果、当該商品の生産・販売活動を続ければ続けるほど、現金の流出超過額が増えていきます。そして、現金の手持残高は、どんどん減っていきます

この場合は、当該商品の生産・販売を中止して、現金の流出を防がなければなりません。

付属解説2
貢献利益

販売価格が変動費を上回る部分を貢献利益と言います。販売価格が総原価を下回る場合でも、貢献利益がある限り、その商品の生産を続けることによって、会社の赤字の額を少なくすることができます。

貢献利益の概念については、次の第7章で詳細に取上げます。

（4）カラオケ店の団体割引・延長割引の原資

すでに取り上げたように、顧客の数が多くなるほど、そして顧客の滞在時間が長くなるほど、顧客1人当たりの滞在1時間当たりの原価は小さくなり、期待利益は大きくなっていきます。

そのためカラオケ店側は、より多くの顧客に来店してもらうために、そしてより長く滞在してもらえるように、様々な仕組みを用意します。その1つが、団体割引であり、滞在時間の延長割引などの制度です。

団体割引や延長時間割引制度を導入すれば、当然ながら、顧客1人1時間当たり料金は減少します。しかし、すでに取り上げたように、顧客

　1 人 1 時間当たり料金が 1 時間当たりの変動費を上回っている限りは、お店の利益は増加します。

　すなわち、割引によって顧客 1 人 1 時間当たり料金が多少減少しても、顧客 1 人 1 時間当たりの変動費を上回っている限りは、お店の利益は増加します。

　ここに、大幅な団体割引や延長時間割引を提示できる原資があるのです。

第7章
販売数量と
減価償却費等の
固定費及び
利益の関係

　商品の販売によって得られる収入額は、商品の1個当たり販売価格に販売数量を掛けたものです。すなわち、販売数量が増加、もしくは減少しても販売価格は一定で変化がないとすれば、販売数量が増えれば収入は増加し、数量が減れば収入も減少します。

　では、利益はどうでしょうか？販売数量が2倍に増えれば、利益も2倍に増えるのでしょうか？販売数量が半分になると、利益も半分になるのでしょうか？

　それを知るには、販売数量の増加、もしくは減少によって、経費がどのように変化するのかを知る必要があります。

　本章では、経費を変動費と減価償却費を初めとする管理不能な固定費に分けて、それが利益に与える影響について見ていきます。

　以下では、商品を仕入れて販売する販売会社を例に、販売数量が増減しても販売価格は一定であるという前提で議論を進めます。

　販売会社の場合、販売した商品の仕入原価を売上原価と呼びます。商品の1個当たり販売価格に販売数量を掛けたものは商品の販売による「収入」ですが、売上原価の用語に合わせて、本章以降では、収入に変えて「売上高」の用語を使用します。

第7章　販売数量と減価償却費等の固定費及び利益の関係

1. 変動費と
減価償却費等の固定費

　いまさらですが、収入から経費を控除したものが利益です。販売価格に変化がなければ、販売数量が増えれば、売上高（収入）も増えます。

　他方、経費はどうでしょうか？前章で見たように、経費には、販売数量の増減に比例して増加したり減少したり変動費と、販売数量の増減にかかわらず、毎期、一定金額が発生する固定費があります。

（1）販売会社の変動費と固定費

　販売会社の場合、変動費に属するのは、商品の売上原価や商品の配送料などです。他方固定費に属するのは、販売や管理業務に携わる従業員の給与、広告宣伝費、販売施設や保管倉庫および事務機器類の減価償却費などです。

　固定費は、特定の商品のみに関して発生するものは稀で、ほとんどは会社全体で発生します。したがって、複数の商品を販売する会社において、ある商品の販売を中止しても、会社全体で発生する販売・管理に関する固定費に、変化はありません。

　図表 7-1 と 7-2 は変動費と固定費のイメージ図です。

図表 7-1：変動費のイメージ

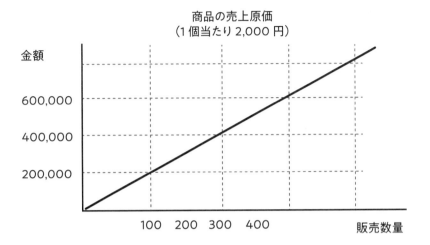

商品の売上原価
（1 個当たり 2,000 円）

図表 7-2：固定費のイメージ

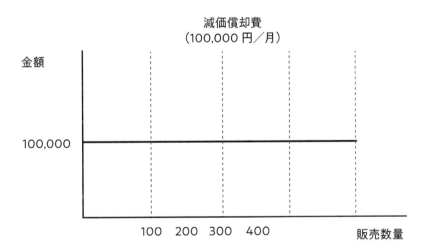

減価償却費
（100,000 円／月）

（2） ２種類の固定費

　固定費は、販売数量に関係なく、毎期一定額発生するものですが、その固定費にも２つ異なるタイプのものがあります。過去の意思決定により発生するもので、その額が既に決まっているものと、発生させるか否かをその時の意思で決定できるものです。

　前者に該当するものには、販売施設や商品保管倉庫などの減価償却費、借地や借家の賃料、建物や設備等の保険料、固定給で働く従業員の給与などがあります。これらは、仮に事業の一部を中断したり廃止したりした場合でも、ほとんど変わりなく発生し続ける経費なので、短期的には管理不能な固定費と呼ばれることがあります。

　他方、後者に該当するものには、広告宣伝費、調査費、広報費、社員研修費などがあります。これらは、支出するか、あるいは支出額をいくらにするかは、その時の経営者の意志で決定することができるので、管理可能な固定費と呼ばれることがあります。

　本書で「固定費」と表現する場合は、別途説明がない限り、減価償却費をはじめとする管理不能な固定費を対象にしています。

2. 販売数量と 減価償却費等の固定費との関係

（1）貢献利益と固定費の関係

　繰り返しになりますが、売上高（収入）から経費を控除したものが利益になります。経費は変動費と固定費に分けることができます。そして、ここに新しい貢献利益の概念を導入します。

　貢献利益は、売上高から変動費を控除したもので、貢献利益から固定費を控除したものが利益になります。これを算式で示すと以下のようになります。

売上高 − 変動費 ＝ 貢献利益

貢献利益 − 固定費 ＝ 利益

　この算式から明らかなように、貢献利益は固定費をカバーする原資になり、固定費をすべてカバーした後に残っている貢献利益が利益になることがわかります。貢献利益という呼び名は、固定費をカバーし、利益を獲得するのに貢献することに由来します。

　したがって、貢献利益が大きいほど利益の額も多くなります。逆に、貢献利益の額が固定費よりも小さい場合は、利益はマイナス、すなわち損失になります。

（2）販売数量と貢献利益、利益の関係

以下の事例の商品があるとします。

（事例の内容）

●商品の販売価格：1個250円

●変動費：1個150円

●固定費：年間40,000円

この事例では、商品の販売価格は1個当たり250円、変動費は1個当たり150円、したがって商品1個当たりの貢献利益は販売価格250円から変動費150円を控除した100円になります。また年間の固定費の合計は、販売数量にかかわらず、40,000円です。

これをもとに、商品の販売数量と貢献利益および利益の関係を示したのが**図表7-3**です。カッコ書きの数字は、控除する数字であることを示しています。

図表7-3：販売数量、貢献利益と利益の関係（単位：円）

販売数量	0個	1個	2個	3個
売上高①	250	500	750	
変動費②	(150)	(300)	(450)	
貢献利益③＝①－②	0	100	200	300
固定費④	(40,000)	(40,000)	(40,000)	(40,000)
利益（損失）③－④	(40,000)	(39,900)	(39,800)	(39,700)

　この表で明らかなように、販売数量が 1 個増えると貢献利益も 100 円増えていき、固定費を回収しています。それに伴って利益のマイナス、つまり損失の額は減少していきます。

　販売数量が増えていき、400 個に達したところで貢献利益は固定費と同額の 40,000 円になりまし。そして、利益の額はプラス / マイナス・ゼロになります。さらに、販売数量が 400 個を 1 個越えるごとに、利益は 100 円増えていきます。これを示したのが**図表 7-4** です。

図表 7-4：損益分岐点以降の販売数量と利益（単位：円）

販売数量	399 個	400 個	401 個	402 個	・・・
売上高①	99,750	100,000	100,250	100,500	・・・
変動費②	59,850	60,000	60,150	60,300	・・・
貢献利益③＝①－②	39,900	40,000	40,100	40,200	・・・
固定費④	(40,000)	(40,000)	(40,000)	(40,000)	・・・
利益（損失）③－④	(100)	0	100	200	・・・

　図表 7-3 と **7-4** で見たように、販売数量と利益の額の関係は、以下の算式で表すことができます。

1 個当たり貢献利益×販売数量 – 固定費 = 利益

3. グラフィック表示

　前項の算式で表した貢献利益、販売数量、固定費、利益の関係は図で表すこともできます。

（1）貢献利益

　まず、**図表 7-5** です。

図表 7-5：販売数量と貢献利益の関係

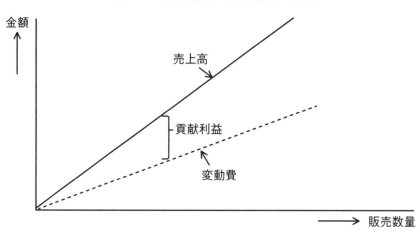

　これは、売上高から変動費を控除したものが貢献利益になり、販売数量が増えるに従って貢献利益は大きくなるという関係を表したものです。

　実線の売上高と点線の変動費の縦の幅が貢献利益を表しています。販売数量が増えると貢献利益は 1 個当たり 100 円増えるので、縦の幅も大きくなっていきます。

（2）減価償却費等の固定費

次は、**図表 7-6** です。これは、**図表 7-5** に固定費を加えたものです。

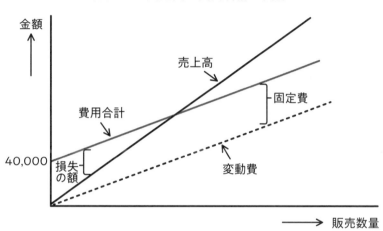

図表 7-6：固定費と費用合計の関係

固定費は販売量に関係なく 40,000 円なので、販売量がゼロでも 40,000 円発生します。そこで、金額を示す縦軸の 40,000 円の点から変動費を示す点線に平行に線を引くと、変動費と固定費の合計である費用合計の実線を引くことができます。

費用合計を示す実線と変動費を示す青い点線の縦の幅は、固定費の金額を示しています。固定費は販売数量に関係なく一定額なので、費用合計の実線と点線の縦の幅はどの販売数量でも同じになります。

（3）販売数量と貢献利益および固定費の関係

次は**図表 7-7** です。これは**図表 7-6** に、**図表 7-5** で示した貢献利益を反映したものです。

図表 7-7：貢献利益と固定費の関係

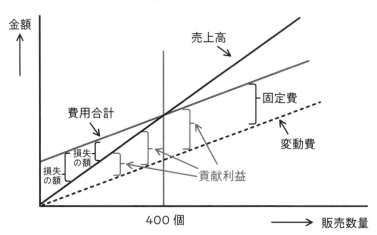

販売数量が増えるにしたがって、売上高を示す実線と変動費の点線の縦の幅（貢献利益）が大きくなり、売上高を示す実線と費用合計を示す実線との縦の幅（損失の額）は小さくなっていきます。

そして、販売数量が 400 個のところで、売上高の実線と費用合計の実線が交わっています。この箇所で、貢献利益を表す縦の幅と、固定費を示す縦の幅が同じになって、利益 / 損失がゼロになります。

（4）貢献利益、固定費、利益の関係

　最後は**図表 7-8** です。これは、販売数量が 400 個を超えると貢献利益の大きさを表す売上高の実線と変動費の点線の縦の幅が固定費の幅を越え、この超えた分、すなわち固定費をすべてカバーした後の残りの貢献利益が利益になることを表しています。

図表 7-8：貢献利益、固定費、利益の関係

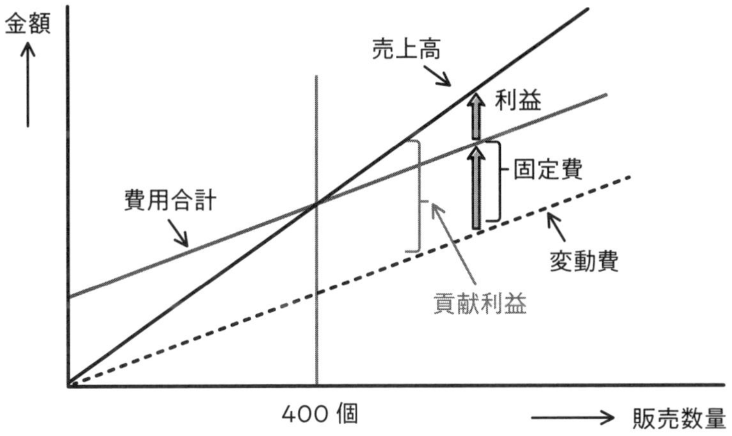

4. 貢献利益と減価償却費等の
固定費を踏まえた判断

（1）原価割れの商品は生産中止か？

① 失う貢献利益と無くなる固定費の関係

　販売価格が経費総額（総原価）を下回っていても、商品の売上原価や商品配送料などの変動費を上回っていれば、そこには貢献利益があります（**図表 6-10** 参照）。もし、貢献利益がある商品の販売を中止すれば、この貢献利益は失われてしまいます。

　他方、固定費のほとんどは会社全体で発生すると仮定すれば、複数の商品を販売する会社においてある商品の販売を中止しても、会社全体で発生する販売および管理に係る固定費が無くなることはありません。

　つまり、ある商品の販売の中止によって、貢献利益は失われるが、固定費はなくならないのです。

　図表 7-9 は、商品 A とそれ以外の商品を販売する会社の貢献利益を表示する損益計算書です。

図表 7-9：貢献利益式の損益計算書

	商品 A	それ以外	会社全体
売上高	1,000	3,000	4,000
変動費	800	2,000	2,800
貢献利益	200	1,000	1,200
固定費	300	600	900
利益（損失）	(100)	400	300

　図表 7-9 においては、商品 A は販売価格が変動費と固定費を合わせた経費総額を下回っているので、利益は 100 の赤字です。それ以外の商品の最終の利益は 400 で、会社全体の利益は 300 になっています。

　この会社において、商品 A の販売を中止すれば、商品 A の貢献利益はなくなる一方、固定費 300 はなくならず、会社全体の固定費 900 は発生し続けます。その場合、会社全体の固定費 900 は、〝それ以外〟の商品の貢献利益 1,000 でカバーしなければなりません。その場合、会社全体の利益は 300 から 100（貢献利益 1,000 － 固定費 900）に 200 だけに減少してしまいます。

商品 A の販売を中止した場合の会社全体の損益計算書

売上高	3,000
変動費	2,000
貢献利益	1,000
固定費	900
利益	100

　すなわち、商品 A の貢献利益 200 は、会社全体の利益の増大に貢献する効果があるのです。

② 継続するか中止するかの判定

　したがって、仮に販売価格が経費総額を下回る場合でも、売上原価や商品配送料等の変動費を上回る限りは、当該商品は貢献利益を稼ぎ出しているので販売を継続するべきなのです。

他方、販売価格が変動費以下である場合（**図表 6-11 参照**）は、販売すればするほど赤字が増えるので、その商品の販売は、即刻中止するべきです。

（2）どの商品を販売するか？

表とグラフィックで示したように、減価償却費をはじめとした固定費を回収して利益を獲得するには、貢献利益がある商品を、貢献利益が固定費を回収する数量以上に販売しなければなりません。

商品を複数保有する場合は、各商品の貢献利益の大きさを比較し、より大きな貢献利益を確保している商品の販売を優先するように務めなければなりません。

付属解説 3
マグネット効果

　本文で取り上げたように、販売価格が変動費以下である場合は、販売すればするほど赤字が増えるので、その商品の販売は中止するのが、原則です。

　これに対する**例外**を 2 つ、以下に取り上げます。

　1 つ目は、**スーパーの安売り卵**のケースです。スーパーの安売り卵の販売価格は、変動費である仕入原価（売上原価）よりも低く、売れば売るほど赤字になるのが、常識です。それでも店側が安売り卵を品揃えにおくのは、それが消費者を店舗に呼び寄せる効果があるからです。

　来店する消費者の多くは安売り卵が目当てですが、来店したついでに、日常的に消費する食料品などを大量に購入するのが通例です。つまり、卵の安売りで生じた損失は、他の商品の販売で十分に採算が取れるのです。この効果は〝**マグネット（磁石）効果**〟と呼ばれています。

　2 つ目は、販売価格に対する貢献利益の割合（これを〝**貢献利益率**〟と言います）が高い商品の販売を**後押しする商品**です。このような商品は、その商品単体の販売による貢献利益が見込めなくとも、たとえマイナスでも、販売を続けることがあります。

　その例として、ウォーター・サーバーを安く、もしくは無料で提供し、貢献利益率の高いミネラルウォーターを継続的に販売するケースがあります。当然ながら、ウォーター・サーバーの提供による貢献利益はほぼ無いか、マイナスですが、その損失を、貢献利益率の高いミネラルウォーターの販売で得られる貢献利益がカバーしているのです。

　コーヒーメーカを安く貸与し、貢献利益率の高いコーヒー豆を継続的に販売するのも、同じアイデアによるものです。

5. 貢献利益式損益計算書

（1）伝統式な損益計算書

　我々が普段目にする伝統的な損益計算書は、売上高（収入）から経費を控除して利益を算出します。すなわち、以下の算式が働いています。

売上高 − 経費 ＝ 利益

　図表 7-10 は、伝統式な損益計算書の様式です。

図表 7-10：損益計算書

（2023 年 4 月 1 日から 2024 年 3 月 31 日まで）（単位：千円）	
売 上 高	5,000,000
売 上 原 価	3,550,000
売 上 総 利 益	1,450,000
（販売費および一般管理費）	
支 払 給 料	150,000
減 価 償 却 費	140,000
そ の 他	142,000
販 売 管 理 費 合 計	432,000
営 業 利 益	1,018,000
（営業外収益）	
受 取 利 息 等	7,000
（営業外費用）	
支 払 利 息 等	25,000
税 引 前 当 期 利 益	1,000,000
法 人 税 等	300,000
当 期 利 益	700,000

（２）貢献利益式損益計算書への組替え

これに対し、経費を変動費と固定費に分ける場合は、売上高から変動費を控除して貢献利益を計算し、さらに固定費を控除して利益を計算します。そこでは、以下の算式が働いています。

売上高 − 変動費 = 貢献利益

貢献利益 − 固定費 = 利 益

この貢献利益の概念を取り入れて作成する損益計算書は、**貢献利益式損益計算書**と呼ばれています。

貢献利益式損益計算書は、伝統的な損益計算書を組み替えて作成します。

① 販売会社の貢献利益式損益計算書

図表 7-11 は、販売会社の伝統的な損益計算書を貢献利益式損益計算書の様式に組み替えたものです。左側は伝統的な損益計算書、右側が貢献利益式損益計算書の様式です。

営業利益以下の表示は、両者に相違がないので省略してあります。

図表 7-11：損益計算書の組替え（販売会社）

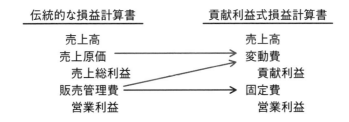

販売会社の場合は、売上原価は販売数量に1個当たりの仕入原価を乗じて算出するので、販売数量に応じて変動することになります。すなわち、売上原価はすべて変動費になります。

　これに対し販売管理費は、販売数量に比例して変動する商品配送料や、販売数量に関係なく一定額が発生する**販売施設の建物や設備の減価償却費**、などが含まれています。したがって、販売管理費は、変動費部分と固定費部分に分けられます。

　このような組替えにより、右側の貢献利益式損益計算書は作成されます。

② 生産会社の貢献利益式損益計算書

　これに対し生産会社の場合は、**工場の建物や機械装置等の減価償却費**、その他の固定費が製造原価に含まれています。もちろん製造原価は、生産数量に応じて変動する原材料費等の変動費も含んでいます。

　製造原価のうち販売された数量に対応する分は、伝統的な損益計算書では売上原価として表示されます。すなわち、売上原価の中にも変動費部分と固定費部分が含まれていることになります。

　販売管理費にも商品配送料等の変動費部分と**販売施設の建物や設備の減価償却費**その他の固定費部分が含まれているので、生産会社の伝統的な損益計算書から貢献利益式損益計算書への組替えは、**図表7-12**のように行われます。

図表 7-12：損益計算書の組替え（生産会社）

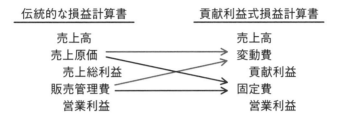

伝統的な損益計算書　　　　　貢献利益式損益計算書

（3）貢献利益式損益計算書のメリット・デメリット

　伝統式な損益計算書を組み替えて作成する貢献利益損益計算書には、以下のようなメリットがあります。

① 販売数量の増減に対応した利益の表示

　貢献利益式損益計算書は、商品の販売数量に比例する貢献利益を表示します。他の条件に変化がないとすれば、貢献利益式損益計算書では、販売数量が増えれば貢献利益も増え、最終の利益も増えます。販売数量が減れば利益も減ります。販売数量に変化がなければ利益も変化しません。

　すなわち貢献利益式損益計算書は、販売数量の増減に伴い利益がどのように変化するかを予測する情報を提供します。

② 販売数量・経費・利益の関係分析に利用できる情報の表示

　本章のテーマである販売数量・固定費・利益の関係分析（CVP 分析という）では経費を変動費と固定費に分解する必要がありますが、

貢献利益式損益計算書は最初から変動費と固定費に区分して表示します。

これを利用して、目標利益を獲得するための販売数量の予想などの、様々な販売数量・固定費・利益の関係分析が可能になります。

③ 生産数量に影響されない利益の表示

生産会社の場合は、製造原価は変動費のみで構成され、製造原価に含まれる固定費部分（以下、固定製造間接費と言います）はすべて損益計算書に固定費として表示されます。すなわち、ある期間の生産数量の多い、少ないにかかわらず、商品の製造原価（すなわち、損益計算書の売上原価）は固定製造間接費の影響を受けません。

したがって、生産会社の貢献利益式損益計算書が表示する利益は商品の生産数量には影響されず、販売数量が増えれば利益も増え、販売数量が減れば利益も減ります。販売数量に変化がなければ利益も変化しません。

これに対し、伝統的な損益売計算書では製造原価に固定製造間接費が含まれます。そのため、ある期間の生産数量が多い場合は、商品1個当たりに配分される固定製造間接費は少なくなり、生産数量が少ない場合は多くなります。

その結果、生産数量の多少により、損益計算書の売上原価となる商品1個当たり製造原価が増減し、他の費用の額に変化がなくとも、利益の額は変化してしまいます。

④ 回収すべき固定費の全額を表示

会社が利益を確保するには、一定期間中に発生する固定費はすべて、収入で回収しなければなりません。貢献利益式損益計算書は、

　期間中に発生した固定費をすべて貢献利益から控除するので、真に利益を上げているか否かが明白になります。

　しかし、貢献利益式損益計算書は、外部に財務情報を公表することを目的とする財務会計では損益計算書としては認められていません。

　もっぱら社内の経営者等によって**経営計画や管理、意思決定のみに使用**されており、**使用範囲が限定**されるというデメリットがあります。

第8章
減価償却費を
除外しての意思決定

　商品やサービスの販売価格は、総原価に期待利益を加えて決定します。その総原価には減価償却費等の固定費が含まれています。

　運転中の既存設備を増設することなしに追加の注文を受ける場合は、増えない減価償却費等の固定費を除外した原価にもとづいて追加注文品の販売価格を決めることができます。

　また、既存設備等の転用なしに既存商品の生産や販売を中断し、新しい商品を生産・販売するときは、転用できない既存設備等の減価償却費等の原価は減らない（発生し続ける）ことを前提に、新しい商品の原価を見積もらなければなりません。

　本章では、これらの場面に遭遇した事例を取り上げます。

1.増えない減価償却費
－特別追加注文の受注

　量産品を生産する会社では、日常的に、継続して同じ商品を生産します。あるいは季節ごとに品目を代えて、その商品を継続して生産します。

　このような会社においては、馴染みの顧客等から特別な注文を受けることがあります。

（1）特別な注文とは何か？

　特別な注文（以下、特別注文と言います）とは、商品は継続的に生産しているものと同じであるが、日々継続して生産する量とは別に、馴染みの顧客から、あるいは新規の顧客から、一度きりの特別な大量注文を受けることです。

　特別注文では、馴染みの顧客等の何かのイベントに合わせて、当該顧客であることが判別できるロゴ等を入れた商品の生産を依頼されるのが一般的です。

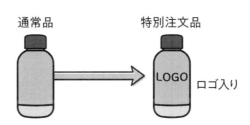

　ここでは、このような特別注文を受けるか、あるいは辞退するかを決定するに当たって留意すべき減価償却費について取り上げます。

（2）引き受けるか否かの判断基準

　特別注文は、特定の顧客等からの大量注文であるため、商品1個当たりの販売価格も、市場での販売価格よりも低いのが一般的です。

　このような特別注文を引き受けるか否かの判断基準は、引き受けることによって、会社の利益を増やすことができるか否かに掛かっています。増やすことができる場合は注文を引き受ける、そうでない場合は辞退することになります。

（3）利益が増えるか否かの検討

　いま、会社が生産して市場に出しているB商品は月間10万個で、販売価格は1個1,000円です。B商品1個当たりの製造原価の構成は**図表8-1**のようであり、1個当たり560円であるとします。

図表8-1：B商品の1個当たり製造原価

直接材料費	370
直接労務費	90
変動製造間接費	10
減価償却費等の固定費	90
製造原価合計	560

　ここに、1個500円で、10,000個の特別生産を打診されたとします。打診された価格は、現在の販売価格1,000円の半額であるのみならず、製造原価合計560円よりも60円低いものです。他方、特定顧客からの

一括注文であるために、納品の手間以外の販売費は一切かからないというメリットがあります。

　果たして、この注文を引き受けた場合、会社の利益は増えるのでしょうか？

（4）増える販売収入と製造原価

① 増えるものと増えないもの

　　もしこの特別注文を引き受ければ会社の販売収入である売上高は増えますが、同時に製造原価も増えます。

　　したがってこの特別注文では、注文を引き受けることによって、どの原価がいくら増えるのかを見積もって、増える販売収入が増える原価を上回ることを確認することになります。

　　すでに取り上げましたが、製造原価には、生産量の増加に応じて増える原価と、生産量に係わらずに一定額のみが発生する原価があります。

　　B商品の製造原価の構成を見ると、直接材料費、直接労務費、変動製造間接費は変動費であって、生産量が増えるのに比例して増えます。他方、減価償却費等の固定費は、生産量にかかわらず一定額発生する一方、生産量が一定限度内で増えても変化はありません（「付属説明4 - 固定費の変動」を参照のこと）。つまり、特別注文を引き受けても増えることは、ありません。

　　これに基づき、1個500円で10,000個の特別注文を引き受けた場合に、増える売上高と製造原価がどれだけになるかが、注文を引き受けるか否かの分かれ目になります。もし、増える売上高が増える原価を上回るのであれば、会社の利益は増えることになるので〝特

別注文を引き受けるべきである、という結論になります。

② 増える販売収入と製造原価の比較

では、増える販売収入と増える製造原価を比較すると、どうなるでしょうか？

図表 8-2 は、1 個当たりの増える売上高と製造原価、および 10,000 個の追加注文を引受けた場合に増える売上高と製造原価を示したものです。

図表 8-2：増える売上高と製造原価の比較（単位：円）

	1 個当たり	10,000 個分
増える売上高	500	5,000,000
増える製造原価		
直接材料費	370	3,700,000
直接労務費	90	900,000
変動製造間接費	10	100,000
合　計	470	4,700,000
増える利益	30	300,000

図表 8-2 から明らかなように、1 個当たりの増える売上高 500 円は増える製造原価 470 円を 30 円上回って、10,000 個では 300,000 円の利益になります。すなわち会社は、この特別注文で利益を 300,000 円増やすことができるのです。したがって、この特別注文を引き受けるべきでしょう。

このように、特別注文の受注価格が現在の製造原価より低くとも、生産量の増加に伴って増える原価、すなわち変動費を上回る限り、注文を引け受ければ利益を増やすことができるのです。

（5）この決定の要点

　ここで重要なのは、特別注文のような追加注文を引き受けることで増える原価に減価償却費などの固定費を含める必要はなく、それらは発生しないものとして受注価格（販売価格）を決めて良いということです。

付属説明４
固定費の変動

　減価償却費を始めとする固定費は、ある範囲内の操業度のもとでは、発生額は一定です。しかし、その範囲を超えると固定費の金額がアップします。これを図にすると、以下のようになります。

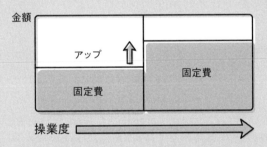

　例えば、工場の生産ラインにある機械装置の生産能力が一杯になったので、２台目の機械装置を導入した場合などに、新しい機械装置の減価償却費が加わり、アップする場合が、該当します。

付属解説5
特別注文を引き受ける際の留意点

① 生産余力

　特別注文を引き受けるか否かを決定する際は、生産設備に特別注文品を生産する余力があるか、否かを確認する必要があります。

　もし通常品の生産に生産能力の100％を使用している場合において特別注文を引き受けると、通常品の生産を中止しなければなりません。その場合、生産を中止した通常品から得られる貢献利益を失うことになります。

　この失う貢献利益は、特別注文を引き受けた場合に「増える原価」に加算した上で、増える売上高が増える製造原価を上回るか否かを検討することになります。

② 通常品への影響

　特別注文を引き受けるか否かを決定する際に留意しなければならない点がもう1つあります。それは特別注文品の生産が通常品の販売量、あるいは販売価格に悪影響を与えないことです。

　もし通常品の販売数量や販売価格の低下を招く場合は、やはり貢献利益が減少します。これによる貢献利益の減少分は、やはり特別注文を引き受ける場合の「増える原価」に加算し、増える売上高が増える製造原価を上回るか否かを検討する必要があります。

2.増えない減価償却費
– カラオケ店の昼オケ割

（1）昼オケ割の内容

　近年、多くのカラオケ店が、事前予約を前提に、通常の営業時間外の時間帯に安い料金でカラオケを楽しめる〝昼オケ割〟のシステムを導入しています。

　また、開店直後の早い時間帯に割引を実施する〝早割〟のシステムを導入しているお店もあります。

　以下では、このような昼オケ割を導入するか否か、導入する際の割引率はいくらに設定するか、を決定するに当たって留意すべき減価償却費等の固定費について取り上げます。

（2）昼オケ割を導入するか否かの判断基準

　昼オケ割の料金は、通常の昼料金や夜料金よりも低く設定されています。このようなシステムを導入するか否かの判断基準は、導入することによって、お店および運営会社全体の利益を増やすことができるか否かに掛かっています。

　利益を増やすことができる場合は昼オケ割を導入する、そうでない場合は導入しないことになります。

（3）利益が増えるか否かの検討

　いま、顧客1人1時間当たり料金が1,000円のカラオケ店の、顧客1人1時間当たり原価が**図表8-3**のようであるとします。この事例では、説明を簡略化するために、ドリンクの提供はないものとします。

図表 8-3：カラオケ店の顧客1人1時間当たり原価 (単位：円)

客室電気料、水道料金、配信料等の変動費	100
固定費内訳	
カラオケ機器の減価償却費	150
店舗の家賃	150
自動料金精算器のリース料	100
店員の給料	60
廊下・ロビーの電気料、その他	<u>40</u>
原価合計	<u>600</u>

　ここに、1時間当たり500円の料金で、朝10時から通常の営業開始時間である午後1時までの間に、昼オケ割を導入する案が店員からもたらされました。

　提案された1時間当たり料金は、現在の料金1,000円の半額で原価合計600円より100円低いという水準です。

（４）増える売上高と原価

① 増えるものと増えないもの

　もしこの提案を導入すれば会社の販売収入である売上高は増えますが、同時に原価も増えます。提案された昼オケ割を導入することによって、会社の利益は増えるのでしょうか？

　これを検討するためには、この提案の導入によって、どの原価がいくら増えるのかを見積もって、増える売上高が増える原価を上回ることを確認しなければなりません。

　すでに取り上げたように、原価には、販売量、すなわち顧客１人が滞在する時間の増加に応じて増える原価と、増加しても増えることはない原価があります。

　図表8-3 のカラオケ店の顧客１人１時間当たり原価の構成を見ると、客室電気料、水道料金、配信料等の変動費は、顧客１人の滞在時間が増えるのに比例して増えます。他方、カラオケ機器の減価償却費等の固定費は、営業時間が３時間早まることによる店員の時間外手当やロビー・廊下などの電気料金を除いて、増えません。

　これに基づき、１時間500円で昼オケ割を導入した場合、増える売上高と原価がどれだけになるかが、導入するか否かの分岐点になります。もし、増える売上高が増える原価を上回るのであれば、会社の利益は増えることになるので〝昼オケ割を導入するべきである〟という結論になります。

② 増える売上高と原価の比較

　では、増える売上高と増える原価を比較すると、どうなるでしょうか？

売上高は、1時間当たり500円増えます。客室電気料などの変動費も1時間当たり100円増えます。店員の時間外手当やロビー・廊下などの電気料金も増えますが、これらは顧客の人数や滞在時間にかかわらず、昼オケ割を実施する間は発生する固定費です。

　また、昼オケ割の1か月間の顧客数は延べ1,000時間、店員の時間外手当とロビー・廊下等の電気料金は、それぞれ90,000円と70,000円増えるとします。

　図表8-4は、1時間当たりの売上高（料金収入）と増える原価を示したものです。

図表8-4：昼オケ割で増える売上高と製造原価の比較（単位：円）

	1時間当たり	1か月間（延べ1,000時間
増える売上高	500	500,000
増える原価		
客室電気料等の変動費	100	100,000
店員時間外手当		90,000
ロビー・廊下等の電気料		70,000
増える利益		240,000

　図表8-4から明らかなように、この店舗で昼オケ割を導入することで、1か月当たり240,000円の利益を増やすことができます。

　したがって、昼オケ割を導入することに伴う障害が他に何もないのであれば、店員から提案のあった昼オケ割を導入するべきでしょう。

3.減らない減価償却費
－内製か外注かの決定

　メーカーによる機器類の生産では、商品に必要なすべての部品を自分で生産する場合と、一部の汎用部品を他者から購入して自社商品に組み込む場合とがあります。

　汎用部品は外部から購入した方が原価は安くなるとか、自社内では得意分野の作業に特化した方が生産効率は向上する、などの理由で、自社生産していた部品の生産を外注化することがあります。

　その場合は、部品の自社生産を継続した場合と外注した場合とで、どちらの方の原価が低いのかを判断することになります。

（1）外注化の申し出

　今、自社商品に組み込む汎用部品を内製しているC会社があると仮定します。生産量は月間8,000個で、その製造原価のデータは**図表8-5**のようであると仮定します。

図表 8-5：部品の製造原価データ（単位：円）

	単位当たり	金額（8000個）
直接材料費	8	64,000
直接労務費	4	32,000
変動製造間接費	2	16,000
固定製造間接費 －工場事務員給料	4	32,000
－特殊装置の減価償却費	2	16,000
－工場管理費配賦額	5	40,000
製造原価合計	25	200,000

この会社に、汎用部品8,000個を140,000円で供給するという会社が営業に来ました。

（2）外注化の判断基準

　C会社内では、内製化していた部品を外部調達に切り替えるか、否かを検討中です。検討会議では様々な意見が出ましたが、最終的に、外注業者が生産する部品の品質と納期、そして価格が、検討課題として残りました。

　その後も外注業者との交渉を通じ、品質については内製化している部品と同等であること、そして会社の生産スケジュールに基づいて部品の納入が受けられること、の2点が明らかになり、問題解消です。残りは価格です。

　つまり、内製を続ける場合と外注化する場合とで、どちらがより製造原価が低く、より多くの利益をもたらすか、の検討が残ったのです。

（3）検討過程

　その検討にあたって、外注化した場合に増える原価と、削減できる原価を洗い出し、外注化で増える金額と削減できる原価を比較する方針が確認されました。そして、早速、洗い出しの作業が始まります。

　その結果、**図表8-6**の事項が明らかになりました。

図表 8-6：削減できる原価と増える原価の項目

- 部品を外注した場合、部品の内製はなくなるので、製造原価は発生しない
- しかし、発生しなくなるのは、製造原価のうち直接材料費、直接労務費、変動製造間接費だけである
- 他方、固定製造間接費は、工場建物や機械装置等の減価償却費、工場長や工場事務員の給料、火災保険料などであり、部品の内製化をやめても、工場が稼働している限り、これらの原価は発生し続ける
- 外注すれば、新たに業者へ支払う部品代が増える

　このケースでは、部品を外注して内製化を止めた場合に削減できる原価が外部業者への部品購入代の支払いで増える原価を上回るのであれば、外注した方が会社の利益は増加することになります。

（4）比較検討

　図表 8-7 は、部品の外注化によって削減できる製造原価と、部品の購入で増える支出の比較です。

図表 8-7：外注で削減できる原価と増える原価の比較（単位：円）

	削減できる原価	購入で増える支出
直接材料費	64,000	
直接労務費	32,000	
変動製造間接費	16,000	
固定製造間接費	0	
部品 8,000 個の購入代金		140,000
合計金額	112,000	140,000

　図表 8-7 で明らかなように、部品の外部購入で増える支出 140,000 円は、外注で削減できる原価 112,000 円を上回ります。つまり、外注した場合は、外注部品を組み込んだ完成品の製造原価がより高くなり、会社の利益は減ってしまいます。

　したがって、外注は得策でないという結論になります。

（5）この決定の要点

　外注化で削減できる原価の範囲を判断するに際しては、外注化で削減できる原価とできない原価を識別し、「内製化で発生している原価のうち、内製部品の製造にも使用している工場建物や機械装置等が**他の部品や製品の製造にも使われている**限り、当該建物および機械装置等の減価償却費や、その他の固定費は、外注化しても減らない」ことに留意しなければなりません。

付属解説 6
空いたスペースの活用

　本文で取り上げた事例で、もし部品の内製化をやめて外注に切り替えた場合、現在、部品の生産に使っているスペースを他の用途に転用して何らかの収入を得ることができる場合はどうでしょうか？

　例えば、部品生産のために使っているスペースを新しい商品の生産に使用すれば、50,000 円の貢献利益が見込まれるとします。もし部品の内製化を続ける場合は、この貢献利益をあきらめることになります。

　この場合は、あきらめる貢献利益の額を外注化で削減できる原価に加算するか、あるいは部品の購入代金から控除して、その後の金額で削減できる原価と増える原価を比較する必要があります。

　あきらめる貢献利益 50,000 円を外注化で削減できる原価に加算した場合の削減できる原価の合計は 112,000 円から 50,000 円増えて 162,000 円となり、部品の購入で増える原価 140,000 円を 22,000 円上回ります。

　また、あきらめる貢献利益 50,000 円を部品の購入代金から控除した場合の増える原価は 90,000 円となり、内製化で削減できる原価 112,000 円を 22,000 円下回ります。

　この場合は、外注した方が会社の利益は大きくなるので、外注した方が得策という結論になります。

第9章
収益性判定における減価償却費の位置

　会社が大規模な生産活動を始めるには、長い期間に渡って使用できる物的資産、すなわち設備が必要です。設備を購入するために資金を支出することを〝投資〟といいます。この**投資額を、設備を使用する期間に配分した金額が**〝**減価償却費**〟**です。**すなわち、投資額と減価償却費は、原因と結果、ないしはコインの裏表の関係にあります。

　会社は営利を目的に活動しているので、「その投資は、投資額よりも大きな収入に結びつくのか、否か」、「その投資は採算がとれるのか、否か」に常に注意を払わなければなりません。

　本章では、**投資額と減価償却費の2つの面から、投資の前と後に収益性を判定する手法を取り上げます。**

1. 減価償却費を含めない
投資前の収益性判定

　投資の前に、投資するか否かを判断する方法は、一般的には、**プロジェクト投資の意思決定**と呼ばれています。この方法は、多くの企業で採用されています。

　会社の事業では、まず事業に使う物的資産（事業用資産）への資金投下があり、その資産を活用して収入を得ます。すなわち、支出が先に起き、収入はあとから付いてきます。

　そこで、以下の表現では、支出を先に置いて「現金の支出と収入」と表現します。

（1）プロジェクト投資の意思決定とは？

① 意思決定のタイプ

　プロジェクト投資の意思決定とは、新しい機械装置の導入とか、古い生産設備の取替えとか、会社の経営に長期的な影響を及ぼす投資（現金の支出）を決定するプロセスのことです。

　意思決定には、選別のための意思決定と選択のための意思決定があります。

　選別のための意思決定は、提案された投資案件は受入れ可能なのか、あるいは投資案件は事前に設けられた基準をパスするか否か、を判断するものです。例えば、新規事業は会社の投資基準を満たすのか否かを検討し、進出するか否か、を決定するものです

　選択のための意思決定は、複数の投資案件に順位をつけて、収入が支出を最も多く上回る投資を1つ選択するものです。例えば、生

産ラインにある既存の機械を新しい機械に取換える場合において、複数の機械の中から１つを選ぶのが選択のための意思決定です。

② 意思決定の判断基礎

　プロジェクト投資の意思決定では、直ちに発生する現金の支出である〝**初期投資**〟と、将来の現金の収入である〝**リターン**〟というお金の流れに着目して、言い換えれば、プロジェクトに関して発生するすべての収支を比較して、収入が支出を上回る投資を選ぶことになります。これは、選別の意思決定でも、選択の意思決定でも、同じです。

　なお以下では、プロジェクト投資による収入が支出を上回る場合を正味現金収入がプラス、逆に下回る場合を正味現金収入がマイナス、と表現します。

③ 支出と収入の種類

　支出と収入を正しく比較するためには、プロジェクト投資に関連する支出と収入を漏れなく正確に識別する必要があります。

　プロジェクト投資に関連する主な支出と収入には、**図表 9-1** のようなものがあります。

図表 9-1：プロジェクト投資に関する現金の支出と収入

（現金の支出）
- 設備と付随施設、及び据付のための初期投資
- 事業を拡大する際に発生する商品在庫や未回収代金（売掛金）などの運転資本
- 設備の運転のために必要な燃料代等の支出（ランニング・コストとも言います）
- 投資した設備の維持・補修、修繕・改良のための継続的・定期的な支出

（現金の収入）
- 増加する収入、もしくは減少する支出
- プロジェクトの終了時に、商品の売却や売掛金の回収によって解放されて、他の用途に転用できるようになる運転資本
- プロジェクトの終了時に設備を中古品もしくはスクラップとして売却した場合の収入

④ 留意する項目

　図表 9-1 で、現金の支出にある**「運転資本」**とは、新たなプロジェクトの遂行によって発生する売掛金や商品などの流動資産から買掛金などの流動負債を控除したものです。

　売掛金の未回収額があったり、商品の在庫を保有したりする場合は、プロジェクトの遂行期間全体に渡って現金が拘束されることになります。言い換えれば、プロジェクトの遂行にあたって、これらの現金をプロジェクトに投資することを意味します。そこで、これを、現金の支出の1つと捉えます。

　他方、現金の収入には「増加する収入、もしくは減少する支出」があります。現金の収支、もしくは現金の増加という観点からみれ

ば、支出の減少は収入の増加と同じ意味を持つので、減少する支出も収入の1つとみなします。

　また現金の収入の1つに「プロジェクトの終了時に設備を中古品もしくはスクラップとして売却した場合の収入」があります。中古品もしくはスクラップとして売却できる場合はよいのですが、有害物や産業廃棄物の処理が必要になるプロジェクトでは、逆に、支出を強いられることもあります。この場合は、現金の収入ではなく、現金の支出に該当します。

（2）コスト削減のための機械化投資

　では早速、支出と収入を比較し、投資するか否かを決定する方法を見ていきます。最初は、労務費の削減を目的に現在の手作業を機械化するか否かを検討するものです。

① 事案
　投資の内容は、以下のようなものです。

（機械化投資の内容）

- 機械の購入価額は 5,000 万円
- 機械の使用可能期間は 5 年
- 5 年経過後は、スクラップとして 300 万円で売却可能
- この機械の導入で現在の労務費の支出は年間 2,000 万円削減可能

　この事案では、機械の導入により見込める労務費の削減効果が機械の購入金額を上回るか、否かを検討します。

② 支出と収入の識別

　機械化投資の内容に沿って、本事案に係る現金の支出と収入を識別すると、以下のようになります。

- 初期投資の機械購入代金 5,000 万円は、今の現金支出である
- 機械の導入による労務費の支出削減年間 2,000 万円は、現金収入と同じ効果がある
- 5 年後の機械の売却収入 300 万円も現金収入である

③ 支出と収入の比較

　これらに基づいて、現金収入に相当する 5 年間における労務費の削減額と 5 年後の機械の売却収入が、機械への初期投資 5,000 万円を上回るか、否か、すなわち正味現金収入がプラスか、否かを検討します。

　そして、**図表 9-2** が正味現金収入の計算表です。この表で、カッコ書きは現金支出を表しています。

図表 9-2：正味現金収入の計算表 （単位：万円）

	現在	1年後	2年後	3年後	4年後	5年後	合計
初期投資	(5,000)						(5,000)
労務費の削減		2,000	2,000	2,000	2,000	2,000	10,000
スクラップ価値						300	300
正味現金収入	(5,000)	2,000	2,000	2,000	2,000	2,300	5,300

図表 **9-2** において、２段目の初期投資 5,000 万円は、機械購入のための現金支出です。５年間に渡る年間 2,000 万円の労務費の削減と５年後のスクラップの売却代金 300 万円は現金収入です。そして、現金収入の合計 10,300 万円と初期投資 5,000 万円の差額 5,300 万円がプラスの正味現金収入です。

④ 結論

これに基づくと、正味現金収入がプラスなので、〝機械化を進めるべき〟という決定を下すことになるでしょう。

（3）コンビニ出店のための投資

次は、投資を伴う新規事業を開始するか否かという意思決定です。

① 事案

国道と県道が交差する箇所でガソリンスタンドを経営している R 会社は、給油に来るお客さんの集客力を活かして、コンビニエンス・ストアの経営に乗り出すか、否かを検討しています。

R 会社はフランチャイジーとして、コンビニ本部から商品を仕入れて販売します。契約期間は５年です。R 会社はガソリンスタンド横の自社所有の空き地に、必要な設備を備えたコンビニ店舗を建設し、商品在庫に必要な運転資本に投資します。

これに関連する投資と１年間の収支予想に関するデータは、**図表 9-3** のとおりです。

図表 9-3：コンビニ出店の投資と年間収支予想データ

---

1 . 投資に関するデータ
　　店舗建設及び設備投資金額 4,000 万円
　　4 年後の修繕費 500 万円
　　在庫商品への投資 1,000 万円

2 . 年間の収支予想に関するデータ
　　年間正味現金収入 800 万円

3 . 　その他の条件
　　・5 年経過後には、コンビニ店経営から手を引き、店舗は第三者
　　　へ売却する
　　・5 年後の店舗および設備の売却代金収入は、2,000 万円を見込
　　　んでいる
　　・店舗の売却時点で在庫商品への投資資金は解放され、他の投資
　　　に転用することができる
　　・年間正味現金収入は、年間売上高からアルバイト店員の給料、
　　　店舗の電気料等の維持費を控除した金額である

---

② 検討過程および結論

　　この事案を検討するために、まずこの中から、プロジェクトに係る現金支出と現金収入を洗い出します。次に、それが初期投資なのか、それとも将来の収入、もしくは支出なのかを識別します。すると、以下のようになります。

- 店舗建設および設備への初期投資 4,000 万円と 4 年後の修繕費 500 万円は現金支出である。
- 在庫商品への初期投資 1,000 万円も現金支出である。
- 年間正味現金収入 800 万円は、1 年目から 5 年目まで、毎年発生する現金収入である。
- 5 年後の店舗および設備の売却代 2,000 万円と、解放される在庫商品への投資 1,000 万円も現金収入である。

これらの現金支出と収入を一覧にしたのが、**図表 9-4** です。カッコ書きの数字は支出を意味しています。

図表 9-4：コンビニ出店の正味現金収入 (単位：万円)

	現在	1年後	2年後	3年後	4年後	5年後	合計
店舗・設備投資	(4,000)						(4,000)
在庫商品投資	(1,000)						(1,000)
年間利益		800	800	800	800	800	4,000
修繕費					(500)		(500)
店舗の売却代						2,000	2,000
在庫投資解放						1,000	1,000
正味現金収入	(5,000)	800	800	800	300	3,800	1,500

図表 9-4 では、正味現金収入は 1,500 万円のプラスになっているので、R 会社はコンビニエンス・ストアを出店する決定を下すでしょう。
（影の声：でも本当に、これで良いのかな～?）

（4）リースか、購入か？

これまでの 2 つは、正味現金収入がプラスか否かを判定する、いわゆる選別のための意思決定でした。次は、複数の投資案件に順位をつけて、最も多くの利益をもたらす投資を 1 つ選択する意思決定を取り上げます。

最初は、比較的単純な、現金収入がない案件の選択を取り上げます。現金収入がないのに〝最も多くの利益をもたらす投資を選択する〟というと、奇異に感じるかもしれません。しかし、すでに取り上げたように、

投資による現金の増加という観点からみれば、**支出の減少は収入の増加と同じ意味を持ちます。**

　例えば、車を購入するかリースにするかとか、今の機械をオーバーホールして使い続けるか買い替えるかという意思決定では、コストをベースにして意思決定を行います。そして、同じ便益を提供する複数の案件から、コストが最も少ない案を選択することになります。

　では、事案に基づいて、この意思決定の方法を見ていきます。

① 事案

　　S 会社は、事業拡大に伴って増えた配送量に対応するために大型トラックを増車する計画があります。増車する車両は購入するかリースするかを検討することになりました。購入する場合とリースする場合のコスト・データは**図表 9-5** のようになります。

図表 9-5：購入とリースのコスト・データ

購入の場合	車両価格：2,000 万円 年間維持費（税金、自賠責保険、車検料）：22 万円 修繕費：4 年後に 200 万円 6 年後の売却価格：600 万円
リースの場合	年間リース料：360 万円（1 年後払い）^(*) リース期間：6 年 6 年間のリース料総額：2,160 万円

(*) リース料は月払いが一般的ですが、計算を簡単にするために、年払いとします。

　　S 会社では、**図表 9-5** のデータに基づいて 6 年間の総コストを比較し、安い方を選択することにしました。

② コストの比較

　購入の場合は、トラックの購入代金 2,000 万円、各年の維持費 22 万円と 4 年後の修繕費 200 万円が支出になり、6 年後の中古車としての売却価格 600 万円が収入になります。その差額が購入する場合のコストです。

　図表 9-6 は、購入する場合の 6 年間のコストを計算した表です。カッコ書きの数字は支出を意味しています。これによると、総額 1,732 万円になります。

図表 9-6：購入する場合のコスト （単位：万円）

	現在	1年	2年	3年	4年	5年	6年	合計
設備投資	(2000)							(2,000)
年間維持費		(22)	(22)	(22)	(22)	(22)	(22)	(132)
修繕費					(200)			(200)
中古売却代							600	600
合計	(2000)	(22)	(22)	(22)	(222)	(22)	578	(1,732)

　一方、リースの方は、税金や修理費込みで、6 年間総額で 2,160 万円になります。

　つまり、リースするよりも購入した方が、支出金額は少なくなります。これに基づいて S 会社は、トラックを〝購入をする〟決定を下すでしょう。

（影の声：でも、それで本当に良いのかな～?）

（5）回収期間の比較

前項までは、正味現金収入の大きさによるプロジェクト投資の意思決定について見てきましたが、ここでは回収期間を比較する方法（これを〝回収期間法〟と言います）を取り上げます。

① 回収期間法とは？

回収期間法は、プロジェクトがもたらす現金収入がプロジェクトの初期投資に要した現金支出を回収する期間の長さを比較する方法です。

回収期間の長さは、次の算式で表されます。

$$回収期間の長さ = \frac{初期投資額}{年間の正味現金収入}$$

新しいプロジェクト投資が既存の設備を取り替えるもので、取り替えによって不要となる既存設備に売却価値がある場合は、新しい設備の初期投資額から既存設備の売却代金を控除した金額が、上記算式の分子である初期投資額になります。

分母の正味現金収入は、プロジェクトによってもたらされる現金収入、例えば販売収入から、初期投資の後に発生するプロジェクトのためのランニング・コスト、修繕・維持費などの現金支出を控除した金額です。

② 選択のルール

回収期間法では、上記算式で求められた回収期間の長短で投資を

選択します。その際のルールは、〝より早く投資金額を回収するプロジェクトがより望ましい投資である〟です。

すなわち、回収期間の短い投資案件を選択することになります。

③ 具体例

では、会社は事業の運営経費を抑えるために業務の一部を機械化する案を検討していると仮定し、回収期間法で投資案件を選択する例を見ていきます。

機械化の候補は、**図表 9-7** の仕様を誇る機械 A と機械 B です。

図表 9-7：機械 A と機械 B の仕様

	（機械 A）	（機械 B）
購入金額	200 万円	120 万円
使用可能期間	10 年	5 年
運転経費	年間 10 万円	年間 5 万円
運営経費の削減額	年間 50 万円	年間 40 万円

回収期間は、プロジェクトからもたらされる年間の正味現金収入がプロジェクトの初期投資に要した金額を回収する期間の長さなので、この期間を計算するには機械 A と機械 B の初期投資額、年間の現金収入と現金支出の金額が必要になります。

すでに述べたように、現金の増加という観点では支出の減少は収入の増加と同じ意味を持つので、機械 A の年間 50 万円、機械 B の年間 40 万円という運営経費の削減額は現金収入に該当します。

機械 A の年間の運転経費 10 万円、機械 B の 5 万円は現金支出な

ので、機械Aと機械Bの年間正味現金収入は、以下のように、40万円と35万円になります。

	（機械A）	（機械B）
運営経費の節減額	年間50万円	年間40万円
運転経費	年間10万円	年間 5万円
正味現金収入	年間40万円	年間35万円

　機械Aの初期投資は購入金額の200万円、機械Bは120万円なので、これを年間正味現金収入で割ると、回収期間は以下のように機械Aは5年、機械Bは3.43年になります。

$$機械A　2,000,000円 ÷ 400,000円 = \quad 5年$$
$$機械B　1,200,000円 ÷ 350,000円 = 3.43年$$

　回収期間法で投資案件を選択する際のランク付けは〝より早く投資金額を回収するプロジェクトがより望ましい〟というルールなので、回収期間が3.43年の機械Bが回収期間5年の機械Aより望ましい案件になります。

④ 回収期間法の弱点

　ところが、この回収期間法には弱点もあります。それは、回収期間の短い投資が他の投資よりも収益性が高いとは限らないということです。**図表9-7**のデータで、その理由を見てみましょう。

　図表9-7のデータでは、機械Aの使用可能期間は10年で、機械Bは5年です。

ということは、10年間で見ると、機械Aは一度200万円を支出すれば足りますが、機械Bは120万円を二度支出する必要があります。すると、機械Bの合計支出金額は240万円になります。

　つまり、10年間で見ると機械Bは機械Aよりも40万円高額になるのです。

　投資金額に対する年間現金収入の割合で見た収益性を計算すると以下のように、機械Bの方が低くなります。

	（機械A）	（機械B）
投資金額　　　　①	200万円	240万円
年間の正味現金収入②	40万円	35万円
利益性　　③＝②÷①	20%	14.6%

⑤ 回収期間法が使われる理由

　このような弱点があるにもかかわらず、回収期間法は使われるのには、いくつかの理由があります。

　まず、会社に資金的な余裕がない場合は、投資金額を早期に回収できるのはありがたいことです。これが、回収期間法が好まれる第一の理由です。

　次に、頻繁に新商品が開発される家電商品や半導体事業などのように、商品の陳腐化が激しく投資資金の回収期間が極端に短い業種では回収期間法が好んで使われます。

　また、事業環境が急変し、地元政府によって生産設備が摂取されて生産活動が中止に追い込まれるリスクがある発展途上国での事業の場合にも、投資案件の選別や選択に回収期間法が頻繁に使われます。

2. 減価償却費を含めた 投資後の収益性判定

　繰り返しになりますが、減価償却費は、設備等を取得するに当たって支出した金額（投資）を、設備等の使用期間に配分した金額です。この減価償却費は、利益を計算する際に、収入から控除されます。

　つまりは、**利益は、収入から減価償却費を含めた経費を控除した後の金額になります。会社の損益計算書に示される利益の額も、この減価償却費を控除した後の金額です。**

　以下で取り上げるのは、会社の損益計算書に示される利益の額をもとにして収益性を判定する**投資利益率法**についてです。

　投資利益率法は、「新しいプロジェクトがもたらす投資利益率」でプロジェクトを評価し、投資に値するか否かを判断する方法です。

（1）投資利益率とは？

① 計算式

　新しいプロジェクトがもたらす投資利益率は以下の算式で計算します。

$$投資利益率 = \frac{新しいプロジェクトがもたらす営業利益}{プロジェクトの新規投資}$$

　分子の〝新しいプロジェクトがもたらす営業利益〟は、財務会計の損益計算書（**図表 7-10** 参照）に表示される営業利益です。すなわち、**この営業利益は、新規投資に伴う設備の減価償却費を控除した後の**

営業利益の額です。この減価償却費は、新規投資が製造設備である場合は売上原価に、販売用設備である場合は販売管理費に含まれています。

また、分母の〝プロジェクトの新規投資〟は、設備等の取得にあたって支出する金額ですが、新規投資に伴って売却する古い設備がある場合、その売却代金は新規投資の金額から控除します。

② 営業利益を用いる理由

図表 7-10 で見たように、この営業利益から営業外収益や営業外費用を控除したものが利益（**図表 7-10** では当期利益）になります。投資利益率の計算式の分子に利益（もしくは当期利益）ではなく営業利益を用いるのは、営業外収益や営業外費用には利息やその他の損益が多数含まれているからです。これらは、特定のプロジェクトに関わりなく、会社全体で発生するのが一般的なので、プロジェクトの収益性を判定するには適していません。そこで、投資利益率の計算では、分子に営業利益を用いているのです。

（2）判定のルール

投資利益率法では、新しいプロジェクトがもたらす投資利益率が採算基準として規定する水準を上回れば〝採用〟となり、下回れば〝不採用〟となります。

投資の候補案件が複数ある場合は、それらのプロジェクトの投資利益率を比較し、他の条件がすべて同じとすれば、最も投資利益率が高い案件が〝採用〟となります。

（3）投資利益率法の活用

① 特質

　　投資利益率法では、会計上の利益に焦点を当てています。すなわち、**今の収入と過去の投資に基づく減価償却費を比較しています。** したがって、高い物価上昇があり、収入が逓増している場合は、投資からの期間が長いほど、投資利益率は必然的に上昇する傾向にあります。経費の中で**減価償却費の占める割合が大きな装置産業**などで、その傾向が顕著になります。

② 使用方法

　　それにもかかわらず、投資利益率は多くの会社で収益性判定に使用されています。特に業績が投資利益率（ROI）の大きさで評価される事業部門のマネジャーにとっては、投資利益率の高低は大きな関心ごとです。

　　例えば、管理責任を有している事業部門の投資利益率（ROI）が20%に達しているマネジャーにとっては、投資利益率が20%を超えるプロジェクトこそが投資に値するプロジェクトになります。

　　投資利益率法は、このような部門のマネジャーに好んで使用されています。

（4）物価変動の調整

① 調整の方法

　　前項で取り上げたように、高い物価上昇がある場合で、投資からの期間が長いほど、そして経費の中で減価償却費の占める割合が大

きな産業ほど、投資利益率は必然的に上昇する傾向にあります。

　そこで、この物価変動を調整するための会計も考案されています。いわゆる**物価変動会計**、あるいは**インフレーション会計**と呼ばれる手法です。この手法では、減価償却費の額を物価変動率で今の価値に修正し、現在の収入と比較します。

② 調整の効果

　以下の事例を基に、物価変動会計の手法を見ていきます。

（物価変動の内容）

- 投資金額：2,000、耐用年数：10 年、残存価額：0、償却方法：定額法
- 年間物価上昇率 5 ％
- 年間収入：1,000、年間減価償却費：200、減価償却費以外の年間経費：500

　これに従えば、年間の減価償却費は（2,000）÷ 10 年 = 200/ 年ですが、物価上昇率で修正した 1 年後の減価償却費は 210 になります。同様に、2 年後目以降の減価償却費は以下のようになります。なお、この計算は複利で、整数以下は四捨五入しています。

年度	2	3	4	5	6	7	8	9	10
償却費	221	232	243	255	268	281	295	310	326

これに基づいて利益を計算し、5 年目と 10 年目について物価上昇率に基づいた調整をしない利益と、調整をした場合の利益を比較すると、**図表 9-8** のようになります。

図表 9-8：物価上昇率の影響

	5 年目		10 年目	
	調整無し	調整あり	調整無し	調整あり
収入　　　　　　　①	1,000	1,000	1,000	1,000
減価償却費以外の経費 ②	500	500	500	500
減価償却費　　　　③	200	255	200	326
利益　　　①－②－③	300	245	300	174

図表 9-8 に示したように、物価上昇率による調整がない場合、5 年目の利益は 300 で、調整後の利益 245 よりも 22% 多く、10 年目では 72% も大きく表示されています。

第10章

減価償却費を
含めない収益性判定に
お金の時間価値を
考慮する事例

　すでに取り上げたように、プロジェクト投資の意思決定とは、新しい機械装置の購入とか、古い生産設備の取替えとか、会社の経営に長期的な影響を及ぼす投資（現金の支出）を決定するプロセスです。

　会社の経営に長期的な影響を及ぼす巨額のプロジェクト投資では、投資（支出）をしてから回収する（収入を得る）までの期間が長期に及びます。すなわち、投資をする時期と収入を得る時期に大きなズレがあります。

　今投資するお金と後日回収するお金に価値の違いがある場合は、その価値の違いを考慮して、投資の収益性を判定しなければなりません。

　本章では、お金の時間価値を考慮した収益性判定の事例を取り上げます。

1. お金の時間価値

（1）支出・収入の時間軸のズレ

図表 9-1 で見たように、現金の支出は設備や施設への初期投資だけではありません。運転資本への投資やランニング・コストの支出、設備の維持・補修の支出もあります。

運転資本への投資は、設備や施設への初期投資と同じようにプロジェクトの初期に起こりますが、ランニング・コストや設備の維持・補修のための支出はプロジェクト期間にわたって発生し続けます。定期的に修繕や改良のための支出が発生することもあります。

現金の収入では、投資がもたらす収入は毎期継続して発生しますが、運転資本の解放や設備の売却代金は、プロジェクトの終了時に発生します。

（2）お金の時間価値とは？

上記のように、プロジェクト投資に係る現金の支出と収入は、同時に起きるわけではありません。時間的なズレがあります。そして、１年後、３年後、５年後の１円は、収入でも支出でも、今日の１円と同じ価値ではありません。

例えば、利率５％の条件で1,000円を銀行に預ければ、１年後には1,050円を受け取ることができます。これを逆に見れば、１年後の1,050円

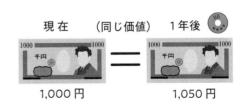

現在　　（同じ価値）　１年後

1,000 円　　　　　　1,050 円

第10章　減価償却費を含めない収益性判定にお金の時間価値を考慮する事例

は今の 1,000 円と同じ価値になります。言い換えれば、1 年後の 1,000 円は今の 1,000 円と同じ価値ではなく、今よりも価値が低いのです。

（3）現在価値

　では、1 年後の 1,000 円は、今の価値（これを〝**現在価値**〟と言います）に換算すると、いくらになるのでしょうか？利率 5 ％のもとで、1 年後の 1,000 円の現在価値は「1,000 円÷（1 + 0.05）= 952」の算式で、今の 952 円に相当します。

　また、2 年後の 1,000 円の現在価値は「1,000 円÷（1 + 0.05）^{2} = 907」の算式で、今の 907 円に相当することになります。

　この算式で、将来の 1 円の現在価値を計算できるのですが、いちいち計算するのは面倒です。そこで、実務では、**図表 10-1** の〝**1 円の現在価値率**〟の表を使用するのが一般的です。

図表 10-1：1 円の現在価値率表

年数	利 率					
	4 ％	5 ％	6 ％	7 ％	8 ％	9 ％
1	0.962	**0.952**	0.943	0.935	0.926	0.917
2	0.925	**0.907**	0.890	0.873	0.857	0.842
3	0.889	0.864	0.840	0.816	0.794	0.772
4	0.855	0.823	0.792	0.763	0.735	0.708
5	0.822	0.784	0.747	0.713	0.681	0.650
6	0.790	0.746	0.705	0.666	0.630	0.596

　図表10-1の「**太い文字**」のところを見てください。利率が５％の場合、１年後の１円は今の0.952円に、２年後の１円は今の0.907円に相当することを示しています。この数字は、先程の算式で求めたものと同じです。

　この表を見ると、利率が高くなるほど、または年数が長くなるほど、将来の１円の現在価値は低くなることが分かります。

　図表10-1は、スペースの都合上、利率４～９％の範囲で、年数６年目までのみを表示していますが、本物の**１円の現在価値率表**はもっと幅広い利率と長い年数をカバーしています。

　また、現在の日本の銀行預金の利率は微々たるものですが、数字の違いを明らかにするために、**図表10-1**では５％という高い利率を使用して説明しています。

（４）時間価値を考慮した選択

　このように、投資として支出する現金と投資のリターンとして収入する現金に時間的なズレがある場合は、そのお金の時間価値が異なる点を考慮しなければなりません。

　すなわち、時間的なズレがあるプロジェクト投資の意思決定では、投資（現在の現金支出）とそのリターン（将来の現金収入）というお金の流れと**時間軸**を考慮して、言い換えればすべての収支を現在価値に換算したうえで、収入が支出を上回るか否かを比較・検討しなければなりません。

　したがって、選別のための意思決定では、「所定の利率で割り引いた現在価値ベースでの現金収入が現金支出を超えるプロジェクトのみを認める」という方針を持っている会社の場合、現在価値に換算した収入が

支出を超えるか否かを検討することになります。

　選択のための意思決定では、複数の投資案件に順位をつけて、現在価値に換算した収入が支出を上回る額が最も大きな投資を選択することになります。

2. 現在価値法

（1）現在価値法と割引率

プロジェクトに伴うすべての支出と収入を現在価値に換算し、現在価値ベースの現金収入が現金支出を上回るか否かを検討する手法を**現在価値法**と言います。

① 割引き

支出と収入を現在価値に換算することを〝**割引き**〟と言います。

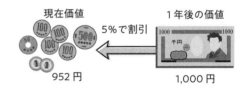

現在価値　　　　　　1年後の価値
5%で割引
952 円　　　　　　　1,000 円

② 割引率

先ほどの説明では、5％の利率で将来の 1,000 円を現在の価値に割引きましたが、プロジェクト投資で将来の支出や収入を現在価値に割引く際の割引率は、会社が定める**最低投資利益率**を使用するのが一般的です。

最低投資利益率は、プロジェクト投資で最低限達成しなければならない投資利益率です。通常は、会社が利用する資金のコストを最低投資利益率として用います。

資金のコスト（一般的には〝**資金コスト**〟と呼ばれています）は、**株主に支払う配当率と長期資金の貸し手である銀行等に支払う利息の利率の平均です**。これらは、会社が外部の資金を使用することに対して支払う使用料の意味があります。

会社によっては、利率の低い短期の借入を繰り返し（これを〝借換え〟と言います）、継続的に資金を借り入れることもあります。長期資金には、この短期の借換えで調達した資金も含みます。

（2）資金コストの計算

　例えば、株主から 10,000 円の出資を受け、15% の配当を予定しているとします。同時に、銀行から利率 7 ％で 10,000 円の長期資金を借りたとします。この場合の支払配当は 1,500 円、支払利息は 700 円になります。そして、この資金コストは、以下の算式により 11% になります。

$$\text{資金コスト} = \frac{\text{（配当 1,500 + 利 息 700）}}{\text{（出資 10,000 + 借 入 10,000）}} = 11\%$$

（3）現在価値法の前提

　ところで、現在価値法では、2 つの大事な前提があります。

　まず 1 つ目は、初期投資以降の現金支出と収入のタイミングです。初期投資以降の現金支出と収入は、期間を通して連続して起こりますが、現在価値への割引きを簡単にするために、各期間の最後（1 年後、2 年後、など）に起こるものとします。

　そして、2 つ目は、プロジェクトで生み出された現金は、現在価値への割引に使用する利率と同じ利率で、すぐに再投資に回されるものとします。

　もし、これらの仮定に合致しないプロジェクトの場合は、現在価値法

の適用は適切ではありません。

　また、正味現金現在価値の計算を簡単にするために、利益に対して約30% の率で課される法人税等は無視します。

　現在価値法では、頻繁に**「正味現金現在価値」**という用語を使用します。この「正味現金現在価値」というのは、現在価値に換算したすべての現金支出と収入の差額です。現金収入の現在価値の方が大きい場合は、正味現金現在価値はプラス、現金支出の現在価値の方が大きい場合はマイナスと表現します。

3. 現在価値法による 収益性の判定

　現在価値を反映しない正味現金収入と、反映した正味現金収入（これを〝正味現金現在価値〟と言います）では、投資の意思決定が逆転することがあります。

　では、「9章　1.減価償却費を含めない投資前の収益性判定」で使用した3つの事案について、現在価値を反映した正味現金現在価値で投資の採否を再検討してみましょう。

（1）コスト削減のための機械化投資

　この案件の正味現金収入は、**図表 9-2** に示したように、5,300 万円のプラスでした。

　この会社の最低投資利益率が 18% であるとした場合、正味現金収入

は 18% の率で割り引かれます

その結果を示したのが**図表 10-2** です。

図表 10-2：機械化投資の正味現金現在価値 (単位：万円)

	現在	1 年後	2 年後	3 年後	4 年後	5 年後	合 計
初期投資	(5,000)						(5,000)
労務費の削減		2,000	2,000	2,000	2,000	2,000	10,000
スクラップ価値						300	300
正味現金収入	(5,000)	2,000	2,000	2,000	2,000	2,300	5,300
(割引率18% での)各年の現在価値率		0.85	0.72	0.61	0.52	0.44	
正味現金現在価値	(5,000)	1,700	1,440	1,220	1,040	1,012	1,412

6,412

(現在価値率は小数点 3 位を四捨五入しています)

図表 10-2 では、各年の正味現金収入の金額に 18% での現在価値率を乗じて、現在価値に割り引いています。機械購入のための現金支出である初期投資 5,000 万円は、今、現在の支出なので、これが現在価値になります（したがって、現在価値への換算は必要ありません）。

各年の正味現金収入の現在価値の合計金額は、最下段に示したように 6,412 万円になります。これが正味現金収入の現在価値です。正味現金収入の現在価値 6,412 万円と初期投資 5,000 万円の差額 1,412 万円が正味現金現在価値になります。

すなわち、このプロジェクトの正味現金現在価値は 1,412 万円のプラスなので、〝機械化を進めるべき〟という決定が下されるでしょう。

この機械化案では、現在価値を反映しないで収益性を判定した場合の結論からの変更はありません。

（影の声：よかったですね！）

付属解説7
収入価値の減少1

　図表9-2で計算した正味現金収入は5,300万円のプラスでした。この計算では、コスト削減（収入に相当）の時期のズレによる現在価値を考慮していません。

　図表10-1の「1円の現在価値率表」を見ると、年数が長いほど、将来の1円の現在価値率は低くなります。収入が長期に渡る場合、先の収入ほど、現在価値は小さくなるのです。

　つまり、現金には時間価値があり、その価値は将来に行くほど低くなるので、早期に現金の収入をもたらすプロジェクト投資ほど〝優れた投資〟と判定するのが常識です。

（2）コンビニ出店のための投資

　次は、コンビニエンス・ストア出店の案件です。

　この案件の正味現金収入は、**図表9-4**に示したように、1,500万円のプラスで、コンビニエンス・ストアを出店する決定が下されました。

　ガソリンスタンドを経営している会社の最低投資利益率が14%である場合、正味現金現在価値は、どのように変化するでしょうか？投資の決定に変化はないのでしょうか？

　この会社の**図表9-4**の正味現金収入は、14%の率で割り引かれます。その結果を示したのが**図表10-3**です。

図表 10-3：コンビニ店の正味現金現在価値 （単位：万円）

	現在	1年後	2年後	3年後	4年後	5年後	合計
設備投資	(4,000)						(4,000)
運転資本	(1,000)						(1,000)
1年間利益		800	800	800	800	800	4,000
修繕費					(500)		(500)
設備の売却代						2,000	2,000
運転資本解放						1,000	1,000
正味現金収入	(5,000)	800	800	800	300	3,800	1,500
現在価値率 （割引率14%）		0.88	0.77	0.68	0.59	0.52	
正味現金現在価値	(5,000)	704	616	544	177 4,017	1,976	(983)

　図表 10-3 にあるように、店舗および設備投資と在庫商品への初期投資合計 5,000 万円と、初期投資以降の正味現金収入の現在価値 4,017 万円との差額が正味現金現在価値で、983 万円のマイナスになります。

　つまり、現在価値を反映して検討すると、会社はこの事業を始めることによって現金を増やすどころか、減らすことになるので「コンビニ出店を止めるべきである」という結論になります。

　この結論は、現在価値を反映しないで収益性を判定した場合の結論を、逆転しました。

（影の声：現在価値を考慮して判定して、よかったですね！）

付属解説8
収入価値の減少2

　図表 9-4 で計算した正味現金収入は 1,500 万円のプラスでした。この計算では、コスト削減（収入に相当）の時期のズレによる現在価値を考慮していません。

　他方、現在価値を考慮した**図表 10-3** では、正味現金現在価値は 983 万円のマイナスになっています。

　付属解説 7 でも取り上げましたが、先々の収入ほど、現在価値は小さくなります。その結果、正味現金収入が 6 年間に渡って得られるコンビニ事業では、現金収入の現在価値が初期投資額を下回ってしまったのです。

（3）リースか、購入か？

　3つ目は、トラックを購入するか、リースするかの案件です。この案件は、車を購入する場合とリースする場合のコストを比較して、コストが少ない案を選択するものです。

　そして、「**図表 9-5：購入とリースのコスト・データ**」に基づいてコストの総額を比較した結果、購入するコスト 1,732 万円（**図表 9-6** 参照）はリース総額 2,160 万円よりも少ないので〝購入する〟という決定が下される、と結論づけました。

　では、現在価値を反映した場合は、どのようになるのでしょうか？同じ結論になるのでしょうか？

図表 9-6 の購入に関わる現金支出額を、この会社の最低投資利益率6 ％を使用して現在価値に割り引くと、**図表10-4** のようになります。

図表 10-4：購入に係る現金支出の現在価値（単位：万円）

	現在	1 年	2 年	3 年	4 年	5 年	6 年	合 計
設備投資	(2,000)							(2,000)
年間維持費		(22)	(22)	(22)	(22)	(22)	(22)	(132)
修繕費					(200)			(200)
中古売却代							600	600
合 計	(2,000)	(22)	(22)	(22)	(222)	(22)	578	(1,732)
利率（6 ％）	1.00	0.94	0.89	0.84	0.79	0.75	0.70	
現在価値	(2,000)	(21)	(20)	(18)	(175)	(16)	405	(1,845)

　他方、リース料の現在価値を計算すると、**図表 10-5** のようになります。

図表 10-5：リースに係る現金支出の現在価値（単位：万円）

	1 年	2 年	3 年	4 年	5 年	6 年	合 計
リース代	(360)	(360)	(360)	(360)	(360)	(360)	(2,160)
利率（6 ％）	0.94	0.89	0.84	0.79	0.75	0.70	
現在価値	(338)	(321)	(303)	(284)	(270)	(252)	(1,768)

　図表 10-4 と **10-5** を比較すると、購入する場合の現金支出の現在価値は 1,845 万円、リースする場合の現金支出の現在価値は 1,768 万円です。つまり、リースする方が 77 万円だけ現金支出が少ない、つまり、コス

トが安いというになります。

　現在価値を反映しない比較では、購入するほうが安かったのですが、反映した比較ではリースのほうが安いという結論になり、結論が逆転しました。

付属解説9
逆転の背景

　購入する場合とリースする場合で大きく異なるのは、現金を支出するタイミングです。購入では、購入時に大金の支出がありますが、その後は年間維持費を支出する程度です。これに対してリースでは、毎年、一定額が発生します。

　すでに取り上げたように、年数が長いほど、将来の1円の現在価値率は低くなります。したがって、初年度のトラック購入代金の支出額と、将来6年間に渡るリース料の支出額は「数字は似通っていても価値は全く異なる」のです。

　そして、後年の支出ほど現在価値は小さくなるので、初年度に大きな支出がある購入よりも、初年度から最終年度まで支出を分割して先延しできるリースのほうが、支出の現在価値は小さくなるのです。

　そのため、結論が逆転したのです。

（4）設備の取替え投資の選択

　トラックを購入するか、リースするかを選択する案件では、発生するコストのみを比較しました。

次に取り上げるのも、設備の改装案と取替え案の2つから、より利益が大きくなる案を選択する意思決定です。しかしこの2つの選択案には、いずれも、初期投資や追加支出に加え、営業活動に伴う収入と運営経費の支出が毎年あり、少々複雑になります。

① 事案

最低投資利益率が14%のフェリー会社は、既存のフェリーを改装して使い続けるか、新しいフェリーに取り替えるかを検討しています。改装するにしろ、取り替えるにしろ、フェリーの今後の使用可能期間は5年です。

改装案と取替え案に関するコスト・データは、**図表10-6**のようになっています。

図表10-6：改装案と取替え案のコスト・データ（単位：百万円）

	改装案	取替え案
改装費、もしくは購入金額	200	360
既存フェリーの下取り代金		50
今後の使用可能期間	もう5年	5年
3年後の修繕費	50	20
5年後の中古品市場での売却代	0	60
年間売上による現金収入	450	450
年間運営経費の現金支出	350	260

改装案と取替え案のどちらが会社により多くの正味現金現在価値をもたらすかどうかを比較するには、改装案、取替え案それぞれについて、まず現金支出と現金収入を洗い出して、それらの発生年度

を識別し、現在価値に換算する必要があります。

② 改装案の正味現金現在価値

　　まず、改装案からです。

　　改装費 200 百万円は現在の現金支出で、修繕費 50 百万円は 3 年後の現金支出です。年間運営経費の現金支出 350 百万円は、毎年発生する現金支出となります。

　　他方、年間売上による現金収入 450 百万円は、毎年発生する現金収入になります。

　　以上を一覧にし、改装案の正味現金現在価値を計算すると、**図表 10-7** のようになります。カッコ書きの数字は支出を意味しています。

　　これによると、改装案の正味現金現在価値は 110 百万円のプラスになります。

図表 10-7：改装案の正味現金現在価値 （単位：百万円）

	現在	1 年後	2 年後	3 年後	4 年後	5 年後	合 計
改装費	(200)						(200)
年間売上		450	450	450	450	450	2,250
年間運営経費		(350)	(350)	(350)	(350)	(350)	(1,750)
3 年後の修繕費				(50)			(50)
5 年後の中古品売却代						0	
正味現金収入	(200)	100	100	50	100	100	250
現在価値率（割引率 14%）		0.88	0.77	0.68	0.59	0.52	
正味現金現在価値	(200)	88	77	34	59	52	110

③ 取替え案の正味現金現在価値

　次は、取替え案です。

　購入金額 360 百万円は現在、修繕費 20 百万円は 3 年後、年間運営経費の現金支出 260 百万円は毎年、それぞれ発生する現金支出です。

　新しいフェリーに取り替える場合、既存フェリーは不要になるので、下取りに出して 50 百万円で売却します。新規投資によって不要になる物品の売却代金は新規の投資金額から控除します。このケースでは、新しいフェリーの購入代金 360 百万円から控除するので、初期投資額は 310 百万円ということになります（**図表 10-8** では、新しいフェリーの購入代金 360 百万円から既存フェリーの売却代金 50 百万円を控除しないで、併記しています）。

　そして、新しいフェリーを 6 年後に中古品市場で売却する際の売却代 60 百万円は 6 年後の現金収入で、年間売上による現金収入 450 百万円は毎年発生する現金収入です。

　以上を一覧にし、取替え案の正味現金現在価値を計算すると、**図表 10-8** のようになります。すなわち、取替え案の正味現金現在価値は 361 百万円のプラスになります。

図表10-8：取替案の正味現金現在価値（単位：百万円）

	現在	1年後	2年後	3年後	4年後	5年後	合計
購入金額	(360)						(360)
既存フェリーの下取り代	50						50
50年間売上		450	450	450	450	450	2,250
年間運営経費		(260)	(260)	(260)	(260)	(260)	(1300)
3年後の修繕費				(20)			(20)
5年後の中古品売却代						60	60
正味現金収入	(310)	190	190	170	190	250	680
現在価値率（割引率14%）		0.88	0.77	0.68	0.59	0.52	
正味現金現在価値	(310)	167	146	116	112	130	361

④ 結論

　　取替え案の正味現金現在価値は361百万円で、改装案の110百万円より大きいので、取替え案がより大きな現金収入もたらすということがわかります。

　　したがって、この案件では、経営者は取替え案を選択するでしょう。

追補の部

現代会計の構造と減価償却費

補章 1

現金支出がない
減価償却費を控除する
利益計算の仕組み

　現代の会計では収益から費用を控除して利益を計算します。その収益と費用は、現金の収支が発生することを合理的に裏付ける行為が行われた時点で、現金の収支に係わらず記録されます。費用の1つである減価償却費は、支出の時より後に、長時間に渡って費用になります。当然ですが、その時には現金支出はありません。

　本章では、現金の収支に係わらず収益もしくは費用として記録されるものにはどのようなものがあるかを、減価償却費を含めて取り上げます。

1. 利益の概念とその計算

（1）儲け、本書の利益、会計上の利益の違い

① 儲け

　　社会では、一般的に、収入から支出を差引いたものを儲けと呼んでいます。算式にすると、次のようになります。

<u>**儲け＝収入−支出**</u>

　　すなわち儲けの大きさは、現金の増加の大きさを意味します。

② 本書の利益

　　しかし本書では、前章（第10章）まで、収入（売上）から経費を控除したものが利益であるとしてきました。算式にすると、以下のようになります。

<u>**利益＝収入（売上）−経費**</u>

　　経費は、現金の支出を伴う経費と伴わない減価償却費の両方を含んでいます。

　　減価償却費以外にも、現金の支出を伴わないけれども収入（売上）から控除されるものがありますが、本書の利益では減価償却費のみを現金支出を伴わない経費としています。

　　したがって、減価償却費の額だけ、利益の大きさと現金の増加額に差異があります。すなわち、**利益の大きさに減価償却費を加えた金額が現金の増加額**になります。

本書は、この手法で、減価償却費の本質に焦点を当ててきました。

③ 現代会計の利益

　これに対し現代会計では、収益から費用を控除したものを利益と呼んでいます。算式にすると、以下のようになります。

　　利益＝収益−費用

（2）違いの原因

　社会で一般的に使われている**「儲け」**という用語は、現金の増加を意味しますが、本書の利益、および**現代会計の利益**は、〝現金の増加〟を意味していません。

　信用取引が発達した現代においては、物品やサービスを提供してから現金を受け取る（収入する）までに時間的な差があります。現代において用いられている会計の手法では、現金の受取りの有無に係わらず、物品やサービスを顧客へ提供した時点で**収益**を認識し、記録します。

　同様に、物品やサービスを受け取り消費した時点から現金を支払う（支出する）までにも時間的な差があります。その場合も、現金の支払いの有無に係わらず、物品やサービスを受け取り消費した時点で**費用**を認識し、記録します。

　すなわち、**収益は収入よりも広く、費用は支出よりも広い概念**なのです。これを図にすると**図表11-1**のようになります。

図表 11-1：収入・収益と支出・費用の関係

● 収益と収入のタイミングの違い

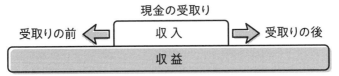

● 費用と支出のタイミングの違い

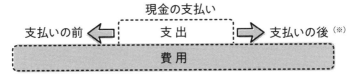

（※）支払いの後に費用になるものには減価償却費や、他のものがあります。

（3）経済活動の多層化

　収入の有無にかかわらず収益を認識・記録し、支出の有無にかかわらず費用を認識・記録するようになった背景には、時代の推移に伴って経済活動が多層化したことがあります。

　その昔は物と物とを直に交換する物々交換が当然でしたが、お金を介して物を交換する現金取引の時代に移りました。そして現代では、後日お金を支払う、あるいは受け取る約束をして、物を受け払いする信用取引が一般的になりました。

　同時に、現代でも物々交換は行われていますし、現金取引も行われています。そして、信用取引もますます増えています。

　これを図で示したのが、**図表 11-2** です。

図表 11-2：時代の推移と経済活動の多層化

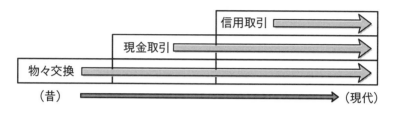

すなわち現代の会計は、経済活動の多層化に合わせて、次第に現金の授受の有無に係わらず、授受を生じさせる行為が行われた時点に着目して、利益を計算する構造に変遷していったのです。

その結果、収入や支出ではなく、収益と費用という概念を生み出し、それに基づいて利益を計算するようになったのです。

2. 収益・費用と収入・支出の タイミング

（1）収益と収入のタイミング

図表 11-1 に示したように、収益には、現金の受取りの前に収益となるもの、現金の受取りと同時に収益となるもの、そして現金の受取りの後に収益になるものの3つがあります。それに属する具体的な取引の例を示すと、図表 11-3 のようになります。

図表 11-3：収益と現金受取りのタイミング

① 現金の受取りの前に収益になるもの	・代金を後日受け取る約束をして、物品やサービスを実際に販売・提供した時に、収益とするもの ・約束には、口約束だけのものと、記録を残すもの（手形や電子記録債権））があり、約束した日が到来すると現金を受け取る
② 現金の受取りと同時に収益になるもの	・スーパーやコンビニ等が物品を販売し、あるいは電車・バス・タクシーなどがサービスを提供すると同時に、現金やカードで代金を受け取った時に、収益とするもの
③ 現金の受取りの後に収益になるもの	・代金を先に受け取り、後日、約束した日時に、あるいは顧客が希望する日時に物品やサービスを提供した時に、収益とするもの （例）電車の回数券や定期券を販売して先に代金を受け取り、サービスは後日、乗車した時に提供する

（2）費用と支出のタイミング

　図表 11-1 に示したように、費用にも現金の支払いの前に費用になるもの、現金の支払いと同時に費用になるもの、そして現金の支払いの後に費用になるものの3つがあります。それに属する具体的な取引の例を示すと、**図表 11-4** のようになります。

図表 11-4：費用と現金支払いのタイミング

① 現金の支払いの前に費用になるもの	・代金を後日支払う約束をして、物品やサービスを実際に購入・消費した時に、費用とするもの ・約束には、口約束だけのものと、記録を残すもの（手形や電子記録債権））があり、約束した日が到来すると現金を支払う
② 現金の支払いと同時に費用になるもの	・スーパーやコンビニ等で物品を購入し、あるいは電車・バス・タクシーなどでサービスの提供を受けると同時に、現金やカードで代金を支払った時に、費用とするもの
③ 現金の支払いの後に費用になるもの	・代金を先に支払い、後日、約束した日時に、あるいは希望する日時に物品やサービスの提供を受けた時に、費用とするもの （例）入居前に家賃を1年分前払いし、その後に建物を使用する、あるいは電車の回数券や定期券を購入して代金を先に支払い、サービスは後日、乗車した時に受け取る
④ 現金の支払いの後に、長期間に渡って費用になるもの	・長期間使用できる物品を購入して代金を支払い、それを利用してサービスの提供を受けるのに合わせて、費用とするもの （例）建物や附属設備、機械装置、車輌などの**減価償却費**

（3）減価償却費の占める割合

① 費用における減価償却費の特質

　　図表 11-4 の③と④は、両方とも代金を先に支払い、後日にサービスの提供を受けるという点では、同じです。

　　しかし、④の減価償却は、当初の支払金額が巨額であり、またサー

ビスの提供が複数年（中には 20 ～ 30 年）に渡るという特徴があるので、別区分としました。

② 減価償却費の表示箇所

　図表 5-5 に示したように、メーカーの場合は、減価償却費は売上原価と販売管理費の両方に含まれています。すなわち、損益計算書の上で売上高から控除される減価償却費は、売上原価（つまり製造原価）に含まれている分と、販売管理費に含まれている分の合計額になります。

　これを示したのが図表 11-5 です。

図表 11-5：減価償却費の表示箇所

（損益計算書のカッコ書きは控除項目を示しています。また、営業利益以下の部分は省略しています。）

③ 売上高減価償却率

　売上原価と販売管理費に含まれる減価償却費の合計金額は、ある自動車メーカーの場合は、売上高の 6.2 ～ 6.5% になっています。

製造業を営む企業の売上高に対する人件費（支払い給料、その他の労働関係費用）の割合は売上高の 8 ％前後なので、減価償却費の占める割合は、それに次ぐ大きさのものと推定されます。

　人件費と減価償却費の大きな違いは、人件費は現金の支出を伴う[*]ものであるのに、**減価償却費は現金の支出がない**という点です。

[*] 会社の賃金政策により、現金の支出を伴わないものが人件費に含まれることもありますが、説明を簡略化するために、ここではすべて現金の支出を伴うものとしています。

補章 2

減価償却費の
影響を明らかにする
キャッシュ・フロー
計算書

　キャッシュ・フロー計算書は、現金の増加に影響を与える減価償却費を明示し、利益の額に加算して、利益の額と現金増価額の関係を明らかにします。

1. 誕生の背景

（1）利益と現金増加額の関係

① 利益の計算

　繰り返しになりますが、現代会計の利益は、収益から費用を控除して計算します。

　そして収益には、**図表 11-3** に示したように、現金の受取りと同時に収益となるものの他に、現金は後日受け取るが、すぐに収益になるものがあります。現金を後日受け取る予定の収益は、利益を増やしますが、現金は増やしません。

　また費用には、**図表 11-4** に示したように、現金の支払いと同時に費用となるものの他に、現金支払いの後日に費用になるものがあります。後日に費用になるものへの支出は、利益には何らの影響を与えませんが、現金を減らすことになります。

　現代会計がこの構造のもとにある結果、利益額の大きさと現金の増加額の大きさは一致しなくなります。そのため、損益計算書では利益が出ているのに〝金庫が空っぽだ〟〝銀行預金が減った〟〝次の支払いに充当する現金が足りない〟、ということが時々起こります。

　これを図にしたのが**図表 12-1** です。

図表 12-1：現金不足の原因

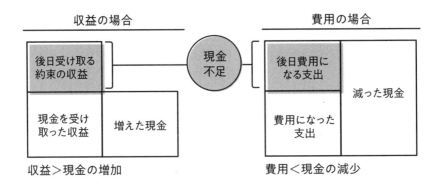

② 会社の活動

　会社は営利を目的に活動します。その活動には、仕入れた原材料を加工して商品を生産して販売する、あるいは資材を調達してサービスを顧客に提供する、という日常継続的な活動があります。

　利益の大部分は、この日常継続的な活動から生まれますが、**図表 11-3** と **11-4** に示したように、利益計算の要素である収益と費用の額は現金の受取りや支払金額とは、必ずしも一致しません。いや、むしろ一致しないほうが多いのです。

　会社の活動は、日常継続的な活動に限りません。新しい工場や販売施設のために土地を取得する、建物を建設する、機械設備を調達・据付ける、そのための資金を株式や社債の発行、あるいは銀行からの借入で調達する、古い設備を売却する、などなど、多岐にわたります。

　それらの活動のたびに現金の流入と流出が起こります。これも現金の増加、もしくは減少に影響を与えます。

　このように、経済活動が複雑になった現代においては、会社の様々な活動が現金の増加もしくは減少に影響を与えているのです。

（2）キャッシュ・フロー計算書の誕生

　すでに取り上げたように、会社の活動が複雑になるに従って、損益計算書では利益が出ているのに〝金庫が空っぽだ〟とか、〝銀行預金が減った〟、〝次の支払いに充当する現金が足りない〟、ということが時々起こり、「なぜだ！なぜ利益が出ているのにお金が足りないのだ？」と疑問に思う人が増えてきました。

　そして、「会社が保有する現金は、どのような活動から生み出されたのだろうか？」と多くの人が知りたがるようになりました。

この現金は
どこで生み出されたのかなぁ～？

　それに応えるために誕生したのがキャッシュ・フロー計算書です。

　キャッシュ・フロー計算書は、日本では2,000年3月期から作成・公表が制度化され、今では損益計算書、貸借対照表と並び、財務3表の1つと呼ばれるようになっています。

2.キャッシュ・フロー計算書の内容

　キャッシュ・フロー計算書は、文字どおり、会社のキャッシュ（現金）のフロー（流れ）を表示する書類です。

（1）現金の流れ

　すでに述べたように、会社の活動は、商品を生産して販売する、あるいは資材を調達してサービスを提供する、という日常継続的な活動の他に、新しい工場や販売施設を建設する、機械設備を調達・据付ける、そのための資金を調達する、などなど、多岐にわたります。そのたびに現金の流入と流出が起こります。

① 会社を取巻く主な現金の流れ

　　会社に流入し、流出する現金には様々な種類のものがあります。
　　その中で、金額が大きい主な現金の流れを示したのが**図表 12-2** です。

図表 12-2：

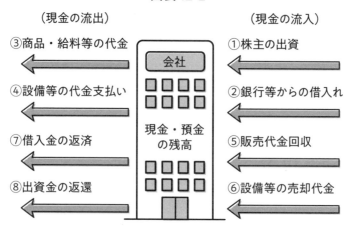

　図表 12-2 は、物品を販売する株式会社を前提に、右側は会社への現金の流入つまり現金の受取りを、左側は現金の流出つまり現金の支払いを表しています。現金の流れに示された①〜⑧の番号は、一般的な会社における現金の流れの順番です。

② 具体的内容

　図表 12-2 に付した番号順に、現金の内容について取り上げます。

　まず、**①の株主の出資**です。会社を設立する際、株主は現金を拠出、つまり出資をします。会社は、この出資を受けた金額を資本金として登記します。

　出資を受けた現金は、さっそく、**③の商品、給料等の代金支払い**のために使用されます。言い換えれば、日常の営業活動に必要な現金として支出されます。

　活動の先行きが見えてきた時点で、その活動に必要な設備等を取り揃えます。その際には**④の設備等の代金支払い**が必要になります。

　もし資本金だけでは足りないときは、**②の銀行等からの借入**で調達します。

　会社は、③で仕入れた商品を④の設備を使用して販売し、顧客から代金を回収します。これが**⑤の販売代金回収**です。

　購入した設備等も、長く使用していると老朽化し、物理的、機能的、経済的に使用に耐えられなくなります。その場合は、設備等の更新が行われ、旧設備等は処分されます。旧設備等に売却価値がある場合は、**⑥の設備等の売却代金**を手に入れることができます。でも、これは、数年に一度程度の頻度で、稀に起こるものです。

　このような活動で現金を獲得し続け、会社の保有現金に余裕が出てくると、支払利息の負担を軽くするために、銀行等からの借入金

を返済します。これが⑦の借入金の返済です。

　その後も現金が増え続け、事業に必要な金額以上の現金が蓄積されたときは、過去に株主へ交付した自社株式の買取り等を行って株主に出資金を返還します。これが⑧の出資金の返還です。

（2）キャッシュ・フロー計算書の様式

　キャッシュ・フロー計算書は**図表 12-2** の①から⑧までの現金の流れを金額で表示します。キャッシュ・フロー計算書の様式には、営業活動によるキャッシュ・フロー区分の表示が直接法によるものと間接法によるものがあります。ほとんどの会社は、作成の手間がかからず、損益計算書との関係が明確になる間接法を採用しています。

① **全体の様式**

　　図表 12-3 は、詳細な記述は省略していますが、営業活動による
　　キャッシュ・フロー区分の表示が間接法によるキャッシュ・フロー
　　計算書の様式を示しています。

図表12-3：キャッシュ・フロー計算書（単位：千円）

```
Ⅰ 営業活動によるキャッシュ・フロー
  当 期 利 益                           15 0,000
  減価償却費                            90,000
  売掛金の増加                         （・・・・）
  商品の減少                            ・・・・
  買掛金の減少                         （・・・・）
  ・・・・・                             ・・・・
      営業活動によるキャッシュ・フロー      164,000
Ⅱ 投資活動によるキャッシュ・フロー
  機械装置の購入                        ・・・・
  ・・・・                              ・・・・
      投資活動によるキャッシュ・フロー     （64,000）
Ⅲ 財務活動によるキャッシュ・フロー
  借入れ                               ・・・
  ・・・・・                           ・・・・・・・
      財務活動によるキャッシュ・フロー     （60,000）
Ⅳ 現金等の増加                          40,000
Ⅴ 現金期首残高                          ・・・・
Ⅵ 現金期末残高                          ・・・・
```

　図表12-3 のように、キャッシュ・フロー計算書は会社のキャッシュ・フロー、つまり現金の流れを、営業活動によるもの、投資活動によるもの、財務活動によるもの、の3つに区分して表示する様式になっています。

　キャッシュ・フロー計算書の数字（金額）の欄には、カッコがついているものとついていないものがあります。ついているものは現金の流出を、ついていないものは流入を表しています。

　図表12-3 の各区分の合計数字で、営業活動区分の数字はカッコ

がついていなくて、投資活動と財務活動の数字はカッコがついています。

即ち、営業活動のキャッシュ・フローは現金流入が流出を上回る流入超過、投資活動と財務活動のキャッシュ・フローは現金流出が流入を上回る流出超過であることを示しています。

② 営業活動によるキャッシュ・フローの表示内容

キャッシュ・フロー計算書の最初の区分の〝営業活動によるキャッシュ・フロー〟は、商品の仕入れや販売、管理活動など、日常継続的な活動に伴う現金の流れです。**図表12-2**の③と⑤の活動に伴う現金の流れです。

この区分の最初に〝**当期利益**〟があります。間接法によるキャッシュ・フロー計算書は、損益計算書に表示される当期利益に各種の調整を加えて営業活動によるキャッシュ・フローを計算し、表示します。この表示により、損益計算書の当期利益の額に種々の調整を加えたものが現金の増加額になることが明白です。

そして、当期利益に**減価償却費**を真っ先に加算しています。これは、損益計算書で当期利益を計算する際に**減価償却費を費用の1つとして売上高から控除しているが、実際には現金の流出がないので、現金の増加額を算出するために、当期利益に逆加算**しているのです。ある自動車会社の例では、減価償却費の額は、当期利益の70～75%ほどの大きさになっています。

これを示したのが**図表12-4**です。

図表 12-4：逆加算する減価償却費

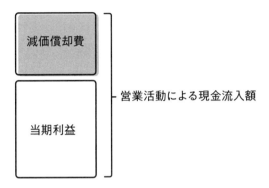

営業活動によるキャッシュ・フローの区分では「売掛金の増加」「商品の減少」「買掛金の減少」の項目も、当期利益に加減算されています。これは**図表 11-3** および **11-4** で示したように、収益に記録する前または後に現金の受取りがあるもの、あるいは現金支出の前または後に費用に記録したものについて、収益もしくは費用に記録した金額を実際の現金受取額または支払額に合致させるための調整です。

③ 投資活動・財務活動によるキャッシュ・フローの表示内容

　次の〝投資活動によるキャッシュ・フロー〟は、生産設備や販売・管理用設備の購入や売却などに伴う現金の流れで、**図表 12-2** の④と⑥の活動に伴うものです。

　最後の〝財務活動によるキャッシュ・フロー〟は、株主の出資、銀行等からの借入や返済などに伴う現金の流れで、**図表 12-2** の①と②、そして⑦と⑧の活動に伴うものです。

3. キャッシュ・フロー計算書 の機能

　キャッシュ・フロー計算書は、ある期間の利益の金額と現金増加額との関係や現金増加の経緯を明らかにするだけでなく、数期間の推移比較をすることによって、会社が置かれている財務状況を知らせる機能もあります。

　例えば、営業活動によるキャッシュ・フロー（以下、営業キャッシュフローと言います）が流出超過の場合、これが一時的なものか、それとも恒常的なものかによって、事態の深刻さがまったく異なります。

① 一時的な流出超過

　営業キャッシュ・フローの流出超過が、感染症の流行などに伴う営業活動の低迷による一時的なものであれば、来期以降、営業キャッシュ・フローは回復することが期待できます。

　それならば短期的には、不要資産や休業資産の売却、あるいは銀行等からの借入などによる資金調達で乗り切ることができます。

② 恒常的な流出超過

　しかし、営業キャッシュ・フローの流出超過が恒常的であるならば、事態は深刻です。

　営業キャッシュ・フローの流出超過を補うために保有資産の売却が続けば、資産はどんどん減っていき、事業規模を縮小せざるを得なくなってしまいます。

　銀行等からの借入が拡大すれば、借金がどんどん膨らんでいき、利息の支払額も増えていきます。最後は、破産する危険さえあります。

図表 12-5：営業キャッシュ・フローの恒常的流出超過の脅威

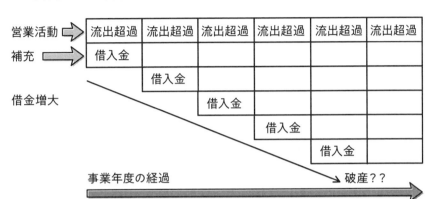

③ 推移比較の実施

　　営業活動によるキャッシュ・フローの流出超過が一時的なものか、恒常的なものかを知るためには、過去数期間、例えば5年分のキャッシュ・フロー計算書を入手・比較し、過去からの推移を吟味するのが有効です。

　　図表 12-6 は、推移表の例です。

図表 12-6：キャッシュ・フロー計算書の推移比較

	20×1 年	20×2 年	20×3 年	20×4 年	20×5 年
営業キャッシュ・フロー	・・・	・・・	・・・	・・・	・・・
投資キャッシュ・フロー	・・・	・・・	・・・	・・・	・・・
財務キャッシュ・フロー	・・・	・・・	・・・	・・・	・・・
現金等の増加（減少）	・・・	・・・	・・・	・・・	・・・

この推移表で営業キャッシュ・フローの流出超過の発生年度、継続年数、金額の大きさなどを知ることができます。

おわりに

　お金を支払えば、お金は減っていきます。したがって、利益を計算する際に「利益を増やす要因である売上高から減らす要因である費用を控除するのは当然」であると、多くの人が理解しています。

　その影響のせいか、「減価償却費は、現金を支払った経費ではない、何ら現金は減っていない、それなのに、売上高から控除するのは何故だろう」と疑問に思っている方も、少なからずいます。

　それは、「売上高は現金を増やす、費用は現金を減らす」という思い込みがあるからです。

　しかし、これは正しくはありません。なぜなら、補章1で見たように、売上高は現金を増やすとは限らないし、費用は現金を減らすとは限らないからです。

　読者の皆様方が、将来の儲けの有無と大きさを判断したり、仕事で何かを決定したりする際に、減価償却費の本質を正しく理解し、正しい判断・決定をするのに、本書がお役に立てることを願っております。

著者プロフィール

土田 義憲（つちだ よしのり）
会計リテラシー教育研究所代表、公認会計士
新日本監査法人シニアパートナー、国際教養大学客員教授を経て、現職

【主な著書】

『仕事で使える管理会計』(ロギカ書房)

『社会人になったら知ってほしい・人生のお金の話』(ロギカ書房)

『君たち中学生・高校生が学ぶ会計』(ロギカ書房)

『会計思考で理解する 会社のお金の流れと管理』(ロギカ書房)

『会計思考で不正取引を発見・防止するための本』(ロギカ書房)

『会計思考で成長する若手社員 入社5年目 秋山君の挑戦』(ロギカ書房)

『実践ビジネス・リスク・マネジメント』(大蔵財務協会)

『内部統制の実務』(中央経済社)

『財務報告に係る内部統制』(中央経済社)

『取締役・監査役の内部統制』(中央経済社)

『内部監査の実務』(中央経済社)

『税務調査で使える内部統制のつくり方』(中央経済社)

仕事で悩まない
減価償却

発行日　2024年5月20日
著　者　土田 義憲
発行者　橋詰 守
発行所　株式会社 ロギカ書房
　　　　〒101-0062
　　　　東京都千代田区神田駿河台3-1-9
　　　　日光ビル5階 B-2号室
　　　　Tel 03（5244）5143
　　　　Fax 03（5244）5144
　　　　http://logicashobo.co.jp
印刷所　モリモト印刷株式会社

©2024 Yoshinori Tsuchida
定価はカバーに表示してあります。
乱丁・落丁のものはお取り替え致します。
Printed in Japan
978-4-911064-05-4　C2034

好評発売中

仕事で使える
管理会計

元国際教養大学客員教授・公認会計士　土田 義憲
A5 判・240 頁・並製／定価 2,640 円

対話形式で、管理会計の基本を学びます。
実際の仕事の中で管理会計はいかに機能しているのか!

- -

人生のお金の話

元国際教養大学客員教授・公認会計士　土田 義憲
A5 判・176 頁・並製／定価：1,760 円

長い人生、君らしく生きるためにお金との上手な付き合い方を学ぶ。
お金を稼ぐ、お金を使う、お金を貯める、お金を増やす、
お金に翻弄されないための知恵。

- -

君たち中学生・高校生
が学ぶ会計

元国際教養大学客員教授・公認会計士　土田 義憲
A5 判・192 頁・並製／定価：1,760 円

●企業会計のエキスパートが解説!!
●中学・高校生のサブテキストとして最適!!
社会科の新学習指導要領により会計を学ぶ、中学3年生、高校2、3年生別の
3部で構成し、「講義 + 対話」形式によりわかりやすく解説しています。

ロギカ書房

社会人になったら知ってほしい
会社のお金の流れと管理

元国際教養大学客員教授・公認会計士　土田 義憲
A5判・208頁・並製／定価：2,200円

会社のお金は、どこから入って、どこへ出ていくの？　お金にも色がある
借入金の限度額は　リースか、購入か　貢献利益式損益計算書
お金の時間価値　インタレスト・カバレッジ　商品の発注数量を決める…etc.

- -

会計思考で
不正取引を
発見・防止するための本

元国際教養大学客員教授・公認会計士　土田 義憲
A5判・212頁・並製／定価：2,200円

領収書の廃棄・改ざん、商品の横流し、ニセの銀行口座への振込、
ペーパー会社への売上、架空循環取引……etc.
不正の動機は何だ！　会計思考ですべてお見通し!!

- -

会計思考で成長する
若手社員入社5年目
秋山君の挑戦

元国際教養大学客員教授・公認会計士　土田 義憲
A5判・180頁・並製／定価：2,200円

「儲ける」ってどういうことなの？「お宅の商品高いよ」って言われたらどうする？
「まとめて注文」「新商品の開発」「生産中止」……etc. 〝会計思考〟で解決!!